MAGICIENS ET ILLUMINÉS

—

Apollonius de Tyane

Le Maître Inconnu des Albigeois

Christian Rosencreutz et les Rose+Croix

Le mystère des Templiers

Nicolas Flamel et la Pierre Philosophale

Saint-Germain l'Immortel

Comte de Cagliostro

Madame Blavatsky et les Théosophes

DISCOVERY PUBLISHER

Auteur : Maurice Magre
Responsable d'édition : Adriano Lucca

Discovery Publisher

616 Corporate Way
Valley Cottage, New York, 10989
www.discoverypublisher.com
livres@discoverypublisher.com
facebook.com/DiscoveryPublisher
twitter.com/DiscoveryPB

New York • Tokyo • Paris • Hong Kong

TABLE DES MATIÈRES

MAGICIENS

ET

ILLUMINÉS

—

Apollonius de Tyane
Le Maître Inconnu des Albigeois
Christian Rosencreutz et les Rose+Croix
Le mystère des Templiers
Nicolas Flamel et la Pierre Philosophale
Saint-Germain l'Immortel
Comte de Cagliostro
Madame Blavatsky et les Théosophes

Préface

Un message a de tout temps circulé de l'Orient à l'Occident, comme l'eau d'une rivière bienfaisante, pour indiquer aux hommes le véritable chemin de leur perfection. Parfois, sous la sécheresse du mal, l'ardeur trop vive de l'ignorance, la rivière s'est tarie et ceux qui avaient soif n'ont pas reçu l'eau libératrice. Il y a eu des siècles où il ne leur est parvenu qu'une seule goutte, portée par un homme courageux, dans le vase de son cœur. Il est arrivé aussi que l'eau ait coulé à flots et que personne n'a su voir le lit profond où elle passait.

J'ai voulu écrire l'histoire des messagers héroïques qui ont apporté le message au péril de leur vie, malgré la haine des méchants, la colère des aveugles volontaires, et malgré un ennemi plus redoutable qui était leur propre faiblesse.

Cette histoire est incomplète parce que beaucoup d'êtres investis d'une haute mission ont été oubliés ou dédaignés par les annales historiques et aussi parce qu'il en est d'autres que l'auteur ignore. Elle n'embrasse pas l'histoire des messagers les plus élevés, des fondateurs de religion. Ils sont connus dans leur vie et dans leurs doctrines et un nouveau récit n'apprendrait rien à personne.

Je me suis attaché à parler de maîtres moins sublimes, mais plus près de nous. Ceux qui sont trop grands nous échappent dans leur essence intime. Nous sommes tentés de les assimiler à des dieux et de ne plus penser à eux à cause de la distance qui nous sépare. Même si l'on avait plus de détails sur l'énigmatique Lao Tseu, qui songerait parmi nous à imiter sa manière de vivre ? Ce que l'on retient de lui et avec une certaine satisfaction, c'est qu'il avait mauvais caractère. La méditation du Bouddha sous son figuier nous apparaît d'une durée extra humaine. Nous aurions aimé qu'il revînt sur ses pas, qu'il eût des regrets, quand il quitta son épouse Yasodhara. Nous sommes presque noyés par l'indulgence infinie de son sourire. Jésus aussi est trop parfait. Que n'a-t-il repris de temps en temps le fouet avec lequel il chassa les vendeurs du temple ! Ah ! S'il s'était laissé aller une fois à presser tendrement la main de Madeleine !

On est davantage instruit par les faiblesses et les travers des grands hommes que par leurs qualités inaccessibles à la commune humanité. Lorsque je lis qu'un Albigeois qui avait atteint le grade de parfait dénonça sous la torture tous ceux qui l'avaient secouru et caché dans sa fuite, je m'indigne d'abord de son manque de courage, mais je me demande ensuite de quelle façon je me serais conduit moi-même, si on avait versé du plomb fondu dans ma bouche et si on avait cassé lentement les os de mes jambes dans une machine préparée à cet effet. Et j'aime d'autant plus ce parfait qu'il fut vaincu par la douleur de sa chair et qu'ainsi je lui ressemble, au moins par cette faiblesse.

L'amour de Cagliostro pour Lorenza me touche profondément parce qu'il me permet de mesurer la valeur de ce qu'il lui sacrifia. Il connaissait le pouvoir que la chasteté donne à l'homme et je peux imaginer ses remords et l'immense amertume qu'il dut savourer, quand il fut vendu par elle à l'Inquisition. Même les innombrables cigarettes que fumait inlassablement Mme Blavatsky me sont le témoignage que l'on peut, sans désespérer de soi-même, donner quelquefois satisfaction à ce corps physique que l'on s'efforce de vaincre.

L'histoire des maîtres imparfaits est plus utile que celle de ceux qui se sont tenus si près des dieux qu'ils ont été enveloppés par les nuages de l'empyrée. Tels qu'ils furent, ils ont formé la chaîne incomplète, brisée quelquefois de leur propre main, qui relie la pensée d'Occident à l'éternelle vérité Brahmanique, aussi vieille que l'apparition des hommes sur la Terre. Selon les temps et selon les peuples, cette vérité s'est propagée différemment. Nous l'avons connue par les enseignements de la Kabbale, par ceux des Mystères de la Grèce et de la Philosophie Néoplatonicienne. Les Albigeois du Languedoc l'ont possédée dans toute sa pureté. Les Rose+Croix l'ont entrevue à travers les ombres de leur christianisme. Elle souffle maintenant largement et librement, bien qu'on puisse évaluer à peine à une quinzaine de personnes en France le nombre de ceux qui s'efforcent de la recevoir. Mais sous ses aspects divers, cette vérité a toujours été une. Et c'est la même lumière de son diamant intérieur qui rayonne à travers le prisme des formules si variées en apparence.

Ce qui m'a paru le plus remarquable dans l'histoire de cette transmission de la vérité, c'est le phénomène suivant, sans cesse renouvelé.

Toutes les fois que l'éternelle sagesse de l'Orient s'est présentée aux hommes, par les paroles d'un prophète, par la propagande d'une secte ou sous la forme d'un livre, elle a soulevé l'indignation et cette indignation a eu des vagues d'autant plus furieuses que la vérité était plus dépouillée de scories, plus belle, plus morale, au sens sublime de ce mot trop profané. Et puis l'indignation s'est apaisée. Comme dans un fruit arrivé à sa maturité s'introduit un ver qui le ronge, un élément obscur calomnie le prophète, désagrège la secte, parodie la pensée du livre. Et ce phénomène semble être la marque d'une volonté consciente. Les pères de l'Eglise opposent Apollonius de Tyane à Jésus pour détourner de lui les chrétiens et avec une extraordinaire habileté, ils travestissent toutes ses actions. Des éléments de corruption s'introduisent parmi les Templiers et servent à justifier, en apparence, les accusations du roi de France et du pape. Les Jésuites pénètrent dans l'ordre des Rose+Croix, y occupent la première place grâce à leurs qualités de patience et d'humilité, ils transforment son symbolisme, ils le détournent de son but philosophique et ils en font un groupement religieux vide de sens. Dans la Théosophie moderne, un courant intérieur s'est dessiné récemment qui tend à la ramener à une sorte de catholicisme ésotérique. On ne voit d'exception à cette règle qu'au moment des Albigeois, parce que la haine qu'ils suscitèrent fut tellement grande qu'on les extermina jusqu'au dernier et qu'on extermina même leurs descendants. Partout l'idée se change en dogme étroit, se fige en rites morts, se matérialise en cérémonies et en génuflexions, en clartés de cierges et en parfums de cassolettes. La lettre écrase l'esprit. Ainsi au début du christianisme la pure pensée chrétienne fut étouffée par la pompe sacerdotale de l'Église.

Mais quelle est cette volonté arrêtée qui enveloppe les mouvements de l'idéal humain et s'oppose à eux soit par la force, soit par la ruse ?

La croyance aux messagers comporte la croyance en ceux qui les ont envoyés. Depuis les premiers âges du monde, malgré les cataclysmes et les guerres, des hommes plus développés que nous ont été les dépositaires de l'antique sagesse qu'ils se sont léguée à travers les siècles. La tradition rapporte qu'il existe sept confréries de ces sages dont la plus importante a son asile dans un monastère inconnu de l'Himalaya. Ces Maîtres, plus instruits que nous dans les lois de la nature, plus spiritualisés, travaillent au développement des autres hommes dans la mesure de leurs moyens qui sont limités et de notre propre capacité qui est minime. Ce ne sont ni des dieux, ni même des demi-dieux, ce sont nos semblables, avec plus de connaissance, plus de sagesse, plus d'amour. Ils voudraient nous faire partager le fruit de vérité si difficilement cultivé et si précieusement conservé et c'est pourquoi ils envoient dans le monde des messagers chargés de répandre leur enseignement.

L'ignorance humaine est si puissante que les messagers ont toujours été accueillis par le rire ou le mépris. Un orgueilleux amour des ténèbres est la caractéristique des races d'occident. Mais si on les suit à la trace, on voit que ce n'est pas seulement l'ignorance aveugle qui a contrecarré leurs efforts, mais une volonté contraire pleine d'activité et d'intelligence. On est alors en droit de penser, qu'en face des Maîtres qui orientent les hommes vers l'esprit, il est d'autres maîtres d'un autre ordre qui ont un idéal opposé et cet idéal, à notre degré de développement, nous pouvons l'appeler le mal. Ils sont la force de régression en lutte avec notre élan spirituel. Toutes les fois que l'homme essaie de se dégager de la matière et tend au retour vers l'unité divine, ce qui est le but de toutes les religions et de tous les occultismes, ils lui font obstacle et dressent un idéal d'individualisme, un modèle de jouissance matérielle à outrance. À l'ascète qui cherche Dieu, ils opposent le surhomme, artiste ou conquérant qui trouve un plaisir sublime dans l'agrandissement égoïste de son être.

Et peut-être ces maîtres envoient-ils aussi des messagers. Alors, ces messagers ne seraient pas seulement des hommes représentatifs de l'égoïsme, des chantres du plaisir physique comme les poètes de Rome, des jouisseurs insensés comme Néron, des philosophes comme Nietzsche, ils seraient les destructeurs conscients de la pensée, ceux qu'on voit tout au long de l'Histoire arrêter systématiquement l'esprit. L'un d'eux serait l'empereur chinois Che Huangdi qui, à la fin du IIIe siècle avant Jésus-Christ, fit rechercher dans tout l'empire les livres sacrés de la Chine pour en faire un immense autodafé et dont le nom resta auprès des lettrés, comme un symbole d'horreur. De même l'empereur de Rome Dioclétien, qui détruisit les livres traitant de l'ancienne science occulte et qui condamna à mort leurs détenteurs. L'évêque Cyrille, qui fut sanctifié, serait aussi un messager de la confrérie noire, lui qui persécuta les philosophes de l'école d'Alexandrie et acheva la destruction de cette école qui représentait le plus haut point de vérité atteint par les hommes. Innocent III, Torquemada, l'émir Almohade Yacoub, qui faisait mettre à mort les philosophes, le khalife d'Egypte Hakem dont la plus grande volupté était d'avilir, de faire rétrograder, et mille autres en furent aussi. Beaucoup d'entre eux pratiquèrent avec amour et fidélité leur haine native de l'esprit. Ils furent parfois remplis de bonté de cœur, ils aimèrent leurs parents et leurs enfants lorsqu'ils en eurent, car les lois de l'instinct sont communés à tous les êtres et le véritable mal ou le véritable bien s'exercent sur un plan différent que celui sur lequel nous avons coutume de les placer.

D'ailleurs, il se peut qu'à un point de vue beaucoup plus haut, les confréries blanches et les confréries du mal, les initiés de Dieu et les initiés de l'égoïsme, se rencontrent après avoir suivi leur longue route opposée et s'aperçoivent qu'ils doivent marcher, unis étroitement sur une voie commune.

Il y aura dans les siècles à venir une réconciliation du Christ divin avec l'ange qui s'est révolté parce qu'il voulait être librement lui-même. Ce jour-là, l'ascétique Albigeois marchera la main dans la main de l'orgueilleux évêque qui le fit brûler. Sur l'autel des Templiers, l'idole Baphomet rayonnera à nouveau avec son double visage, symbole des deux courants qui divisent l'homme. Le Rose+Croix travaillant au Grand Œuvre n'écoutera plus si le pas d'un inquisiteur résonne dans la rue. Il n'y aura plus besoin de messager pour porter la vérité dans le monde parce que le contenu du message sera tracé par avance dans les âmes.

Je m'excuse de la passion que j'ai apportée à écrire certains passages de ce livre, notamment celui qui est relatif aux Albigeois. Une grande injustice qui n'a jamais été réparée et qui ne semble pas près de l'être, remplit le cœur d'indignation. Les hommes sobres et modestes qui vivaient au XIIIe siècle dans le midi de la France, ayant pour règle pratique la pauvreté, pour idéal l'amour de leurs semblables, ont été mis à mort jusqu'au dernier et la calomnie triomphante a effacé même leur nom, même leur souvenir. Cette calomnie a été si active et si habile que les descendants de ces hommes excellents ignorent la noble histoire de leurs pères et que lorsqu'ils veulent l'apprendre, elle leur est présentée de telle façon qu'ils rougissent d'un passé si merveilleux. Grâce à une injustice analogue, on a pu flétrir ou entacher du soupçon de charlatanisme, les noms d'Apollonius de Tyane et du comte de Saint-Germain.

Puisse ce livre imparfait jeter un rayon sur la vie de ceux qui sont morts pour un haut idéal et qui n'ont même pas eu la récompense posthume d'être utile à leurs descendants aveugles ! Puisse-t-il rendre aux maîtres incomplets, dont j'ai tracé incomplètement la vie, un fragment de la gloire qui leur est due et qui leur a été ôtée parce qu'ils furent faibles et passionnés quelquefois, parce qu'il leur est arrivé d'oublier le but, parce qu'ils furent humains comme nous ! Puisse-t-il montrer que l'imperfection a sa grandeur, que le visage du charlatan, s'il est sincère, réconforte mieux que l'austérité du savant ou du prêtre et que le message d'amour et de vérité nous est un apport d'autant meilleur qu'il est transmis à l'homme par un homme !

APOLLONIUS DE TYANE

Apollonius de Tyane

LA JEUNESSE D'APOLLONIUS

La voix qui avait crié un soir: « Pan, le grand Pan est mort! » au capitaine de navire Thamous résonnait encore sur la mer Tyrrhénienne et les Trois Mages astrologues de Chaldée venaient à peine de remonter dans leur tour après leur voyage à Bethléem quand Apollonius naquit dans la petite ville de Tyane.

De grands prodiges, d'après les légendes, marquèrent sa naissance. Le plus merveilleux, parce qu'il est tout à fait vraisemblable et qu'ainsi il cesse d'être un prodige, me paraît digne d'être rapporté.

Comme elle était enceinte de lui, sa mère alla, un jour, se promener dans une prairie, elle se coucha sur le gazon et s'endormit. Des cygnes sauvages qui avaient accompli un long voyage s'approchèrent d'elle et par leurs cris et le battement de leurs ailes la réveillèrent si brusquement que l'enfant Apollonius vint au monde avant terme. Peut-être,—car il y a des correspondances entre la naissance de certains êtres et la vie ambiante—ces cygnes avaient-ils pressenti et marquèrent-ils par leur présence que ce jour-là devait naître une créature à l'âme aussi blanche que leur plume et qui serait comme eux errant et splendide.

Car Apollonius reçut par exception le don de la beauté. Les hommes marqués du sceau de l'esprit sont d'ordinaire myopes, disproportionnés, contrefaits. Il semble que leur feu intérieur soulève sans règle leur écorce humaine. Et il s'attache à leur destinée le vague murmure qu'ils n'ont suivi la voie aride de la pensée que parce que celle du plaisir leur était fermée. Rien de tel pour ce favorisé entre les enfants de la Grèce. Et sa renommée de beauté et d'intelligence en même temps devint si grande que cette phrase fut proverbiale en Cappadoce:

— « Où courez-vous si vite? Vous allez sans doute voir le jeune homme. »

Un autre don inusité fut celui d'une grande fortune. Son père était un des hommes les plus riches de sa province. Aussi son enfance s'écoula dans le luxe. Rien ne lui manqua, ni les Maîtres savants pour l'instruire, ni l'inestimable possibilité de la rêverie que procure l'oisiveté. Certains mérites ne sont dévolus qu'à un petit nombre. Pour distribuer sa fortune, il faut avoir d'abord la chance d'en posséder une. Mais tout avantage a son revers. Apollonius garda de sa première éducation une tendance aristocratique, un faible pour la grandeur qui le poussa, au cours de ses voyages, à se précipiter d'abord chez les souverains des pays qu'il traversait, et plus tard, à Rome, à devenir le conseiller des empereurs.

À quatorze ans, son père l'envoya à Tarse afin d'y compléter son éducation. Tarse était une ville de plaisirs en même temps qu'une ville d'études et la vie y était voluptueuse et douce pour un jeune homme riche. Le long du Cydnus, sur une avenue bordée d'orangers, les étudiants en philosophie s'entretenaient de Pythagore et de Platon avec de jeunes femmes aux tuniques de couleur, fendues sur le côté jusqu'à la hanche et qui portaient dans leur chevelure de hauts peignes égyptiens triangulaires. Le climat était chaud, les mœurs libres, les amours faciles. Mais cela n'était pas pour enchanter le jeune Apollonius. Il montra à Tarse un précoce puritanisme dont il ne se départit jamais. Le vin coulait à son gré avec trop d'abondance, le vin qui voile la clarté des idées et arrête l'essor spirituel. Peut-être fut-il troublé un soir par un trop beau visage et pensa-t-il que s'il se laissait aller à reposer sur un sein de femme, à défaire une fois l'agrafe d'or d'un chiton de soie, il aurait la tentation de recommencer jusqu'à la fin de ses jours.

Sans doute, dès sa quatorzième année, eut-il la notion des deux chemins différents et pesa-t-il tout ce que l'on perd de temps, de richesse intellectuelle, de sève vivante, par l'amour. Il dut apprendre le rapport inverse qui existe entre le don de clairvoyance et l'acte sexuel. Et sans doute aussi n'éprouva-t-il pas le besoin d'enrichir l'esprit par l'apport du cœur. Il prit la résolution de demeurer chaste et il semble avoir tenu sa promesse.

Les hommes d'une si austère vertu, si toutefois on peut appeler vertu l'absence de désir sexuel, n'ont souvent aucune peine à pratiquer cette vertu parce qu'ils sont dépourvus du désir qui brûle les autres. De combien d'enseignements sont privés ceux qui se font, dès le commencement de leur vie, une règle de la chasteté. Le Bouddha épousa la belle Yasodhara et il l'aima tendrement. Il eut même d'autres femmes selon les usages de son pays. Confucius fut marié à l'obéissante Ki Kéou et Socrate eut deux épouses, comme le prescrivaient les lois d'Athènes, la charmante Myrto et l'acariâtre Xanthippe. Platon ne faisait pas profession de chasteté et Pythagore n'avait pas inscrit cette chasteté parmi les règles essentielles de sa secte puisque la tradition rapporte qu'il fut marié avec Théano et qu'il édicta même une série de prescriptions sur la vie conjugale. Ce fut donc sa propre prudence, un souci extrême de préservation spirituelle qui poussa l'exemplaire jeune homme de Tyane à garder une virginité que l'on n'exigeait que des vestales et des pythies.

Il s'installa à Egées avec son maître l'épicurien Euxène. Egées possédait un temple d'Esculape dont les prêtres étaient des philosophes et des médecins de l'école pythagoricienne. On venait de toute la Grèce, de la Syrie et même d'Alexandrie pour les consulter. Il y avait des pèlerinages, des guérisons collectives, une atmosphère de psychisme et de miracle. Les prêtres d'Egées guérissaient par l'imposition des mains et l'application du pouvoir de la pensée qui était chez eux une science. Ils pratiquaient la magie, étudiaient l'art d'interpréter les rêves et l'art plus subtil de les provoquer et d'en dégager l'élément prophétique. Ils étaient les héritiers de connaissances séculaires dont l'enseignement était oral, qui venaient des anciens mystères orphiques et dont le secret devait être jalousement gardé par le disciple qui les recevait*.

L'école de Pythagore formait alors une communauté secrète qui avait plusieurs degrés d'initiation dont les membres se reconnaissaient par des signes convenus et employaient un langage symbolique afin que la doctrine demeurât inintelligible aux profanes. La musique, la géométrie et l'astronomie étaient les sciences les plus recommandées chez les pythagoriciens comme susceptibles de préparer l'âme à la pénétration des idées suprasensibles. Ils enseignaient le détachement des choses ma-

* La pythagoricienne Timycha se coupa la langue plutôt que de révéler à Denys l'Ancien la cause de l'interdiction des fèves dans les règles de la communauté.

térielles, la doctrine de la transmigration des âmes à travers des corps humains successifs, le développement de nos facultés spirituelles au moyen du courage, de la tempérance, de la fidélité à l'amitié. Ils avaient découvert les rapports des nombres avec les phénomènes de l'univers et au moyen de conjurations et de cérémonies ils communiquaient avec les âmes des morts et les génies de la nature. Le but de tous leurs enseignements était l'agrandissement et la purification de l'homme intérieur, sa réalisation en esprit.

Apollonius ne quitta plus le temple d'Esculape. Il y montra des dons précoces de guérisseur et de clairvoyant, une extraordinaire ardeur à s'instruire dans la science secrète. Il laissa croître sa chevelure, ne mangea plus d'aucun animal, s'abstint de vin, marcha pieds nus et ne se revêtit que d'étoffes de lin, renonçant à toutes celles qui sont faites de poils d'animaux. Il mit même une certaine ostentation à avoir l'apparence extérieure d'un jeune prophète. Si grand que soit l'homme il ne dédaigne pas d'habiller sa sagesse d'un uniforme de sage.

En vain Euxène tenta-t-il de le détourner vers une voie plus moyenne. La vraie sagesse n'avait pas tant d'exigences selon lui. Elle se conciliait avec tous les plaisirs de la vie. Cet Euxène était un de ces jouisseurs maigres, jamais rassasiés comme l'Orient en produit tant et pour qui les spéculations de l'esprit étaient des voluptés presque physiques du même ordre que le choix des vins ou celui des femmes. Il doutait des miracles et ce qu'il admirait le plus dans Platon, c'était qu'il avait discuté de l'immortalité de l'âme, parmi les fleurs et devant les mets choisis du Banquet d'Agathon.

Apollonius ne lui en voulut pas d'être si différent de l'homme parfait qu'il avait pour idéal. Il lui acheta aux environs d'Egées une villa entourée d'un jardin et il lui donna l'argent nécessaire pour les courtisanes, les soupers et les amis pauvres.

Il s'impose alors les quatre années de silence nécessaires pour obtenir la dernière initiation pythagoricienne. Il est devenu très célèbre. Cette célébrité ne fait que grandir et il voit sans déplaisir cet accroissement de gloire. Il fait des prédictions qui se réalisent, apaise une émeute par sa seule présence, ressuscite une jeune fille dont le cortège funèbre passe auprès de lui. Mais ce ne sont là que des récréations. Comme tous ceux qui cherchent la vérité avec passion, il remonte à ses sources, il veut savoir l'origine de cette eau divine dont il s'abreuve. Pythagore a voyagé à Babylone et en Egypte. Mais d'après une tradition conservée dans tous les temples, c'est dans l'Inde qu'il a reçu le dernier mot de sa sagesse, c'est de l'Inde qu'il est revenu porteur du message dont l'annonce devait transformer les hommes de Grèce. Des siècles ont passé et ont ramené avec eux les vagues profondes et régulières de l'ignorance. Le message est toujours à renouveler. Apollonius se sent investi de la mission d'aller chercher la parole nouvelle et de la rapporter.

Sans doute devait-il être très impressionné par les récits qui défrayaient alors la Grèce touchant le prêtre bouddhiste Zarmaros de Bargosa. Quelques années avant la naissance d'Apollonius, ce Zarmaros était venu à Athènes avec une ambassade indienne chargée de présents pour l'empereur Auguste. Il s'était fait initier aux mystères d'Eleusis, puis comme il était très âgé, il avait déclaré que le terme de sa vie était arrivé, il avait fait dresser un bûcher sur une place et il y était monté devant les Athéniens stupéfaits.

Le récit de cette mort poussa Apollonius à voir le pays où vivaient des sages qui avaient un tel mépris de la mort. Seul, à pied, il va se mettre en marche. Le voyage sera long et difficile. Moins cependant qu'on peut le supposer. Savants et religieux se reconnaissaient alors de la même race et ils formaient des communautés secrètes où le voyageur trouvait une aide et un abri, d'étape en étape.

Et puis, Apollonius sait où il va. Il reprend la route de Pythagore dont le hasard ou la bienveillance d'une puissance cachée lui ont fait découvrir l'itinéraire.

À quelque distance d'Antioche, visitant selon sa coutume les anciens lieux consacrés aux dieux, il est allé dans le temple à demi abandonné d'Apollon Daphnéen. Il a été séduit par la beauté solitaire du lieu, la mélancolie de la fontaine et le cercle de cyprès d'une hauteur extraordinaire qui entoure le temple. Il n'y avait là qu'un prêtre à demi paysan, un peu insensé, mais en qui vivait comme une lampe oubliée, le sentiment d'un secret religieux à conserver. Le prêtre en revenant de labourer son champ trouva Apollonius au milieu de ses cyprès. Il lui offrit l'hospitalité pour la nuit et le Tyanéen l'accepta pour se trouver le lendemain, avant l'apparition du soleil, dans le lieu saint. Car il pensait que pour converser avec les dieux, en recevoir des avertissements et des conseils, l'heure la plus favorable est celle qui précède la naissance du jour. Il était en prière le lendemain quand le prêtre lui apporta le trésor du temple conservé en vertu d'une tradition reçue de père en fils. C'était quelques lamelles de cuivre sur lesquelles étaient gravés des chiffres et des dessins. Le prêtre insensé les avait gardées jalousement jusque-là, mais il venait de reconnaître en Apollonius l'homme digne de recevoir l'incompréhensible trésor.

À la lumière du soleil levant, le pythagoricien déchiffra sur les lamelles de cuivre le tracé du voyage de son maître, l'indication des déserts qu'il fallait franchir, des hautes montagnes qu'il fallait traverser pour atteindre le fleuve où s'ébattent les éléphants et près duquel fleurissent des pommes de couleur bleue, comme le calice de l'hyacinthe. Il y vit la description de l'endroit exact où il devait parvenir, de ce monastère entre les dix mille monastères de l'Inde qui était la demeure des hommes qui savent.

Il sera le dernier missionnaire d'Occident. Après lui, la porte se ferme. En vain Plotin tentera deux siècles après de refaire le voyage d'Apollonius derrière les armées de l'empereur Gordien. Il sera obligé de revenir sur ses pas. Il faudra désormais produire la lumière avec les éclats perdus de la vieille sagesse. Les ténèbres s'étendront pendant des siècles sur le monde devenu chrétien.

APOLLONIUS DANS « LA DEMEURE DES HOMMES SAGES »

Apollonius venait d'arriver dans la petite ville de Mespila qui avait jadis été Ninive, « brillante comme le soleil sur une forêt de palmiers » et il regardait les maisons basses construites dans les siècles révolus par les esclaves de Salmanazar. L'arc d'une coupole à demi ensevelie émergeait du sable. À côté se dressait la statue d'une déesse inconnue qui avait deux cornes sur le front et un homme était assis parmi les mosaïques brisées. C'était Damis celui qui allait devenir, à partir de cet instant, le compagnon de sa vie.

En vertu d'une affinité inconnaissable, un chien que l'on croise dans une rue se détourne et s'attache obstinément à vous en manifestant une inexplicable fidélité. Damis se leva, salua celui qui devait être désormais son maître et se fit agréer par lui comme guide pour aller jusqu'à Babylone.

Il en connaissait parfaitement la route et il se flatta aussi de connaître les langues des peuples chez lesquels ils allaient passer. Apollonius sourit et répondit qu'il savait toutes les langues que parlent les hommes et qu'il comprenait aussi leur silence. Damis devait s'apercevoir un peu plus tard qu'Apollonius possédait en outre la connaissance du langage des oiseaux et qu'il savait lire ces grands caractères, sombres sur l'azur, que forment les trajectoires de leur vol.

D'ailleurs, le guide ne devait être guide que de la route terrestre et c'est lui qui allait être guidé dans le voyage spirituel. Damis était un homme ordinaire en quête d'un destin quelconque. Si une troupe de mimes était passée, peut-être se serait-il engagé comme danseur. Ce fut un sage qu'il rencontra. Il se voua à la sagesse. La sagesse ne fit jamais grand cas de lui. Il ne pénétra rien des mystères qu'il frôla. Peut-être parce qu'Apollonius le laissa toujours à la porte des temples. Peut-être parce que son amour du merveilleux lui empêcha de comprendre la vérité, plus belle que les fictions.

Les deux voyageurs virent étinceler les dômes en argent bleui de Babylone; ils franchirent ses murailles; ils s'entretinrent avec les mages et ils repartirent. Ils gravirent des montagnes comme ils n'en avaient encore jamais vu. Les nuages voilaient leurs sommets, mais le déroulement de leurs immensités neigeuses n'impressionnait pas Apollonius.

Lorsque l'âme est sans souillures, disait-il, elle peut s'élancer bien au-dessus des monts les plus élevés. Ils traversèrent l'Indus, marchèrent dans les pays où la monnaie est en orichalque et en cuivre noir et où il y a des rois revêtus de blanc et qui méprisent le faste. Ils rencontrèrent un soir, sur le rivage désert d'un fleuve, une stèle d'airain sur laquelle étaient gravés ces mots:

— « Ici Alexandre s'arrêta... »

Et quand ils eurent longtemps descendu le Gange, quand ils eurent longtemps remonté de nouvelles pentes, gravi de nouvelles montagnes, rencontré l'onagre unicorne, le poisson à crête bleue comme celle du paon et l'insecte avec le corps duquel on fait une huile inflammable, après avoir évité le tigre au corps dentelé dont le crâne renferme une pierre précieuse, ils aperçurent au milieu d'une plaine une demeure de pierre qui avait la même élévation que l'Acropole d'Athènes.

Ils étaient, rapporte Philostrate, à dix-huit jours de marche du Gange. Un brouillard singulier flottait alentour et sur les rochers qui les entouraient, il y avait des empreintes de visages, de barbes et de dos d'hommes qui paraissaient être tombés à la renverse. D'un puits dont le fond était d'arsenic rouge, le soleil faisait sortir un arc-en-ciel.

Apollonius et son compagnon eurent le sentiment que le chemin par lequel ils étaient arrivés avait disparu derrière eux. Ils étaient dans un lieu gardé par l'illusion, où le paysage était mouvant et se déplaçait afin que le voyageur n'y pût fixer de repère. Apollonius venait d'arriver enfin dans le pays des hommes sages de l'Inde, dont il devait dire plus tard :

— « J'ai vu des hommes habitant la terre et cependant n'y vivant pas, protégés de tous côtés sans avoir aucun moyen de défense, et qui pourtant ne possèdent que ce que tous possèdent. »

Alors, un jeune Indien s'avança vers eux. Il avait une lune brillante dans l'intervalle de ses sourcils et il tenait à la main une baguette de bambou doré en forme d'ancre. Il salua Apollonius en langue grecque, car ceux dont il était le messager étaient informés de sa venue et il les conduisit vers la communauté des sages et vers leur chef, Iarchas.

Durant plusieurs mois Apollonius vécut avec ceux qui savent. C'est là qu'il s'instruisit dans la science de l'esprit, qu'il apprit les pouvoirs cachés dans le cœur de l'homme et les moyens de les développer, afin de vivre dans la proximité des Dieux. C'est d'Iarchas qu'il reçut la mission qui devait le faire errer, toute sa vie, à travers les temples des pays méditerranéens, afin de dématérialiser le culte, de lui rendre son ancienne pureté. C'est là qu'il apprit la prononciation du nom ineffable, dont la combinaison secrète confère à celui qui la possède un pouvoir suprême sur les hommes et la faculté de se faire obéir par les êtres invisibles.

Quand il quitta ses hôtes hindous, Apollonius avait la certitude de rester en communication avec eux.

— «Je suis venu à vous par la terre», dit-il, «et non seulement vous m'avez frayé le chemin de la mer, mais votre sagesse m'a ouvert le chemin du ciel. Je rapporterai toutes ces choses aux Grecs et si je n'ai pas bu en vain à la coupe de Tantale, je continuerai à m entretenir avec vous comme si vous étiez présents.»

Les sages, au seuil de leur vallée de méditation, indiquèrent aux voyageurs le chemin du retour et ils leur donnèrent des chameaux blancs pour la traversée de l'Inde.

Ils revinrent par la mer Erythrée sur laquelle ne se reflète pas la grande Ourse et où à midi les navigateurs ne projettent aucune ombre sur le pont de leur navire. Ils virent le pays des Orites où les rivières charrient du cuivre, Stobera, la ville des Ichtyophages et le port de Balara entouré de myrtes et de lauriers, où Ton trouve des crustacés dont la coquille est blanche et qui ont une perle à la place du cœur.

LA MISSION D'APOLLONIUS

Apollonius revenait de l'Inde, chargé d'une tâche d'ordre magique, qu'à la connaissance des hommes, il devait être le seul à accomplir. Peut-être Pythagore avant lui fut-il investi de la même mission et s'en acquitta-t-il au cours de ses voyages. Mais nous l'ignorerons toujours.

Iarchas lui avait montré dans une cellule de son monastère un jeune ascète aux yeux brillants dont les facultés intellectuelles étaient plus extraordinaires que celles de tous les autres sages de la communauté mais qui ne parvenait pourtant à avoir une méditation sereine. Il se laissait aller parfois à maudire l'intelligence et à la déclarer inutile. Il souffrait sans cesse d'inquiétude et on ne pouvait l'apaiser. Apollonius avait demandé quel était cet ascète et la raison de sa souffrance:

— «Il souffre par une injustice commise à son égard dans une vie antérieure», avait répondu Iarchas. «Il a été Palamède, le plus grand et le plus Intelligent des Grecs. Or, son nom est oublié, sa tombe est abandonnée et Homère n'a pas parlé de lui en racontant l'histoire de la guerre de Troie.»

Cela était un exemple du danger de la connaissance. Apollonius aurait pu répondre :

— « Comme il faut louer la nature qui a étendu sur l'homme le voile de l'oubli, en même temps que celui de la mort. Ainsi, elle l'a préservé du contrecoup des maux de la vie qu'on laisse derrière soi. Comme il faut plaindre celui qui est assez développé pour lire dans le passé mais qui ne l'est pas assez pour juger avec indifférence une injustice révolue. »

Cette injustice, Apollonius entreprit de la réparer. Il ne fit du reste qu'agir selon les instructions qu'il avait reçues.

Il avait appris d'Iarchas l'art d'enfermer dans des objets, des influences spirituelles qui devaient agir à distance et à travers le temps. Dans des lieux choisis, de préférence des sanctuaires renfermant déjà un magnétisme d'essence religieuse, il devait déposer des talismans destinés à perpétuer la force active qu'il y avait enclose. De même, il devait retrouver dans les anciens tombeaux, dans les cryptes consacrées, les talismans déposés jadis par d'autres messagers de l'esprit.

Les sépultures des héros gardent longtemps parmi leurs pierres, dans les feuillages des arbres proches, dans l'ambiance de l'air solitaire, l'idéal de celui qui est devenu poussière et ossements. C'est pourquoi les pèlerins qui traversent la terre en vertu de leur fidélité à un vœu, pour aller se prosterner devant le monument d'un être vénéré rapportent toujours dans leurs mains vides une immatérielle richesse qu'ils sont seuls à voir.

Le christianisme devait un peu plus tard restaurer ces pratiques de la magie antique et leur donner une extension immense avec le culte des saints et l'adoration des reliques. Mais il n'a jamais connu le secret d'Apollonius.

Le premier soin du Tyanéen, après qu'il eut atteint Smyrne, fut de se rendre dans le territoire de Troie. Son voyage dans l'Inde avait accru sa célébrité et beaucoup de disciples l'accompagnaient. Ils montèrent avec lui sur un navire qui les conduisit sur les côtes d'Eolie, en face de Lesbos, non loin du petit port de Methymne. Ils arrivèrent au coucher du soleil dans une baie déserte et Apollonius demanda à être laissé seul sur le rivage pour qu'il pût se trouver en méditation, à l'heure qui précède le jour et où les intuitions des esprits des morts et des puissances plus élevées parviennent aux hommes assez purs pour les recueillir.

C'est dans cet endroit qu'avait été enseveli autrefois Palamède. Palamède, dont Homère ignora jusqu'au nom; Palamède, le poète et le savant, avait été la victime d'Ulysse, l'homme de l'action. Lui qui avait inventé différents modes de calcul, les signaux au moyen de feux et le jeu de dames, Palamède le plus inventif des Grecs avait été lapidé devant Troie par ses compagnons, à cause d'une fausse accusation de trahison portée par Ulysse. Que l'intelligence créatrice fût méconnue, que le don ailé du trouveur de science et de beauté fût étouffé par la jalousie et que l'injustice ne fût pas réparée au-delà de la mort, c'était un crime de la race qu'il fallait réparer, une souillure sur l'histoire des hommes qui irait grandissant avec leur culture et qu'il appartenait à la main d'un sage d'effacer!

Quand le jour parut, Apollonius indiqua l'endroit près des flots où l'on devait creuser. On découvrit une statue de la hauteur d'une coudée et qui était celle de Palamède. On la dressa à son ancienne place où Philostrate, deux siècles après, atteste l'avoir vue. L'image du héros méconnu, debout devant la mer, enseigna longtemps aux voyageurs curieux des monuments de la Grèce primitive que tôt ou tard justice est rendue à ceux qui ont allumé les premières lampes de l'intelligence. Et peut-être dans une cellule de la demeure des hommes sages, un ascète taciturne sentit tomber sur lui, comme un rayon du soleil d'Eolie une douceur d'âme qu'il n'avait jamais connue.

Où Apollonius déposa-t-il au cours de ses voyages dans le monde les talismans dont le rayonnement devait assurer la spiritualité de l'humanité? Est-ce à lui qu'il faut attribuer l'impression mystérieuse que l'on ressent à Paestum où il séjourna, devant le temple maintenant abandonné de Neptune? Celui qui, de nos jours encore, en respire le silence, en touche le marbre Pentélique, se sent obligé de regarder en lui-même et entrevoit au fond de son cœur un autre temple abandonné, devant une mer plus indéfinie que la Méditerranée. Il en est de même aux îles de Lérins où Apollonius s'arrêta parce qu'il supposait, sans raison du reste, que ce point favorisé de la côte gauloise deviendrait un centre de la civilisation future. Là, peu après sa visite, fut fondé le monastère de Saint-Honorat qui a subsisté à travers les siècles.

Les cyprès de l'allée y ont un autre murmure qu'ailleurs, les pierres y ont une autre couleur et si l'on se penche sur le puits, on y sent frissonner les éternelles vérités de la vie. Est-ce par l'effet de la magie d'Apollonius ? Il serait bien puéril de l'affirmer. Tout ce qu'on peut dire, c'est qu'il appliqua ou tenta d'appliquer une méthode dont la transcendance nous échappe.

Le but avoué et plus compréhensible qu'il poursuivit fut d'unifier les cultes, d'expliquer les symboles, de montrer l'esprit derrière les images des dieux du paganisme, de supprimer les sacrifices et les formes extérieures pour que toute adoration participât de l'union platonicienne avec la divinité.

Pour cela, il se rendit dans tous les lieux consacrés, en Syrie, en Egypte, en Espagne et il atteignit même le rocher de Gadès qui devait devenir Cadix et qui, d'après Pline, est le dernier morceau de continent échappé à la catastrophe de l'Atlantide.

Partout il reçoit sur son passage des honneurs presque divins. Ses dons de clairvoyance lui font faire des prédictions qui sont confirmées par les événements et sa renommée en est sans cesse accrue. Il échappe sans difficulté à la persécution de Néron contre les philosophes et ses admirateurs disent qu'il sut, devant le tribunal qui allait le juger, rendre blanche, par son art magique, la page de son acte d'accusation. Il donne des conseils à Vespasien. Il reconnaît la véritable nature d'une femme vampire qui sous l'aspect d'une belle jeune fille incitait au plaisir son disciple Ménippe afin de boire la nuit suivante, un sang d'autant plus précieux que c'était celui d'un philosophe. Il reconnaît aussi la personnalité d'un roi mort récemment et pleuré par son peuple dans un lion apprivoisé qui était herbivore, avait un caractère d'une douceur exquise et se montrait affectueux jusqu'à l'attendrissement. Il rend la juste notion de l'amour à un riche insensé qui voulait épouser solennellement une statue. Il exorcise un démon luxurieux qui poussait un habitant de Corcyre à se jeter sur toutes les femmes. Il guérit quelqu'un qui vient d'être mordu par un chien enragé, ce qui est un miracle ordinaire, mais il ne néglige pas de courir longtemps après le chien enragé afin de le guérir aussi en le trempant dans une rivière, ce qui est le signe d'une exceptionnelle bonté. Emprisonné par Domitien, il disparut subitement quand il fut rendu à la liberté, après le jugement qui l'absolvait, soit parce qu'il usa d'un prestige de suggestion collective, comme le pratiquent certains fakirs, soit parce que, désireux d'être tranquille après les émotions de ce jugement, il se perdit simplement dans la foule sans être remarqué.

Enfin après mille prodiges naturels, aisément accomplis, ayant dépassé quatre-vingts ans, il accomplit le prodige de mourir. C'en fut un et très grand car tout le monde le croyait éternel. Mais ce prodige ne fut peut-être pas réalisé car Apollonius, comme tous les grands adeptes, au terme d'une existence, disparut sans laisser de trace. Le phénomène de la disparition semble lui avoir été particulièrement agréable et il ne manqua pas de le pratiquer, au moment de la mort, cette disparition de longue durée.

Les uns disent qu'il sortit un soir de la maison d'Éphèse où il vivait avec deux servantes et qu'il ne rentra pas. D'autres prétendent que l'évanouissement de sa forme physique eut lieu dans un temple de Dictynne où il avait voulu passer une nuit à méditer.

On n'a jamais entendu parler d'un tombeau d'Apollonius de même que nul n'a su où était mort Pythagore. Plusieurs empereurs romains, admirateurs d'Apollonius, notamment Caracalla qui lui fit élever un temple, firent à ce sujet d'inutiles recherches.

Il convient de signaler, sans y attacher d'importance, que, onze siècles après, vivait, en Espagne, un philosophe arabe nommé Artephius qui prétendait être Apollonius de Tyane. Cet Artephius habita Grenade et Cadix où Apollonius avait longtemps séjourné. Il jouissait d'une très grande autorité parmi les philosophes hermétiques de son temps qui venaient des pays les plus éloignés pour le consulter. Comme Apollonius, il professait la philosophie pythagoricienne, étudiait l'art de composer les talismans et la divination par les caractères des planètes et le chant des oiseaux. Il avait pu, disait-il, prolonger sa vie de façon prodigieuse, par sa connaissance de la pierre philosophale.

FAIBLESSE ET GRANDEUR

— « Apollonius », interrogea Domitien quand le philosophe de Tyane comparut devant lui, « pourquoi ne portez-vous pas le même vêtement que tout le monde et en avez-vous un particulier et d'une espèce bizarre ? »

Jusqu'à la fin de ses jours Apollonius éprouva le besoin de se singulariser, d'attirer la curiosité sur sa personne.

Plus les hommes s'élèvent haut et plus leur orgueil grandit et demeure puéril.

En entrant en Mésopotamie, le percepteur des péages au pont de l'Euphrate lui demande ce qu'il apporte avec lui :

— « La continence, la justice, la bravoure et la patience », répond Apollonius.

Et comme le percepteur, ne songeant qu'aux droits d'entrée, lui dit :

— « Donnez-moi la liste de toutes ces esclaves. » Il répond :

— « Ce ne sont pas des esclaves, ce sont des maîtresses. »

Quand il arrive à Babylone, un haut fonctionnaire du roi, qu'il va visiter, selon sa coutume, lui demande quels présents il apporte. Apollonius répond :

— « Toutes les vertus. »

— « Supposez-vous qu'il ne les a pas ? » dit le haut fonctionnaire.

— « S'il les a, je lui apprendrai à s'en servir. »

Il a deux servantes et il n'en affranchit qu'une seule, ce qui est le signe d'une demi-générosité.

Quand, dans un jardin d'Ephèse, il voit par clairvoyance l'assassinat de Domitien à Rome, il s'écrie, plein de joie : « Frappe le tyran, frappe donc ! » comme pour stimuler le lointain meurtrier, ce qui montre qu'il ne professait pas le pardon de toutes les offenses.

Il fit des miracles si nombreux qu'il est impossible qu'un certain nombre n'ait pas été accompli pour éblouir son entourage, gagner une célébrité plus grande. Il se servit pour son usage personnel de sa connaissance des lois physiques, ignorées encore par les hommes de son temps. Ainsi, sur l'avant-dernier échelon de la supériorité, l'amour de soi-même vous tire en bas et vous fait redescendre.

Malheur à ceux qui, prétendant au désintéressement, n'atteignent pas un désintéressement total. Engagé sur un certain sentier qui va vers les cimes, on n'a plus le droit de jeter un regard en arrière et une seule pensée égoïste détruit le fruit d'une vie entière consacrée à l'amour des hommes.

Le monde, pour la spiritualité duquel il travailla avec tant d'enthousiasme, ne lui a pas pleinement rendu justice et a même âprement discuté la parfaite pureté de sa vie. La haine l'environna autant que l'admiration.

Trop de prophéties, même exactement réalisées, trop de tours éblouissants !

Les esprits moyens qui font les réputations des grands hommes veulent que la vertu soit enveloppée d'ennui et qu'aucun merveilleux ne l'éclairé. Si l'on n'a pas assez d'audace ou trop de sincérité pour se présenter comme un dieu, il faut rester dans un honnête cadre humain.

Si les philosophes glorifièrent Apollonius, le monde chrétien l'opposa à Jésus et les historiens ecclésiastiques, durant des siècles et jusqu'à nos jours, firent de son nom le synonyme de charlatan et de faiseur de tours avec un acharnement et une mauvaise foi qui devraient suffire comme garants de sa grandeur d'âme.

Renan, le dernier de ces historiens ecclésiastiques, après l'avoir appelé « une sorte de Christ du paganisme » se rétracte et dit de lui :

— « Si Apollonius avait été un homme sérieux, nous le connaîtrions par Pline, Suétone, Aulu-Gelle, comme nous connaissons Euphrate, Musonius et d'autres philosophes. »

Et il oublie que ni Pline, ni Suétone, ni Aulu-Gelle n'ont parlé de Jésus qu'il a pourtant considéré comme un homme sérieux.

Nous pensons que c'était « un homme sérieux » celui qui n'entrait pas dans un temple sans prononcer cette prière :

— « Faites, ô Dieux, que j'aie peu et que je ne sente le besoin de rien ! »

Car c'est une merveilleuse pierre de touche de la supériorité de l'homme que le mépris des richesses.

Un homme sérieux, celui qui enseignait l'immortalité de l'âme, mais l'enseignait avec précaution, semblable en cela au Bouddha, disant qu'il est vain de trop discuter sur cette question et sur la destinée de l'homme après la mort, parce qu'il jugeait trop décevante la part de vérité qui lui était connue.

Un homme sérieux, celui qui disait :

— « Quand le corps est épuisé, l'âme s'élance au milieu des espaces éthérés, pleine de mépris pour le rude et triste esclavage qu'elle a souffert. Mais que vous importent ces choses : vous les connaîtrez quand vous ne serez plus. »

Celui pour qui la sagesse était « une sorte d'état permanent d'inspiration » celui qui, pour atteindre cet état, prescrivait la chasteté, une nourriture d'herbes et de fruits, des vêtements immaculés comme le corps et comme l'âme.

Un homme sérieux celui qui s'efforçait de dégager l'essence spirituelle de son être et de la rapprocher de l'esprit divin, qui, attribuant un grand rôle à l'imagination, faisant d'elle une porte vers la perfection, distinguait dans le sourire des statues, l'esprit qui veille derrière la forme et considérait les choses matérielles, le contour des paysages, la couleur des fleuves et celle des étoiles, la terre multiforme, comme le symbole d'un autre monde plus pur dont ils étaient les reflets.

LE DAÏMON

Nous avons presque tous, au moins une fois dans notre vie, durant une nuit d'insomnie ou pendant une maladie, entendu une voix qui ne venait de nulle part et qui résonnait silencieusement pour nous donner un conseil, sage d'ordinaire. C'est toujours dans la solitude et de préférence dans les minutes d'exaltation que parle la voix au timbre muet.

Quelques hommes de génie ont entendu cette voix auprès d'eux avec assez de netteté et de fréquence pour penser qu'une entité intelligente se penchait sur eux et les dirigeait de ses avis inspirés.

Les Grecs appelaient daïmon cette entité et le daïmon le plus célèbre, sur lequel se sont le plus longuement entretenus les philosophes, fut le daïmon de Socrate.

— « La faveur céleste », a dit le sage d'Athènes, « ma accordé un don merveilleux qui ne m'a pas quitté depuis mon enfance. C'est une voix qui lorsqu'elle se fait entendre me détourne de ce que je vais faire et ne m'y pousse jamais.»

Il parlait familièrement de ce daïmon, plaisantait à son sujet et obéissait aveuglément à ses indications. Ses amis avaient fini par ne plus guère accomplir d'action importante sans le consulter. Mais le daïmon avait ses sympathies et il restait absolument silencieux quand il n'était pas favorable à ceux qui le questionnaient et Socrate n'avait pas alors la moindre possibilité de le faire parler.

De quelle nature était ce daïmon qui se manifesta à Socrate dès son enfance, et dont Apollonius de Tyane entendit seulement la voix après qu'il eut pratiqué les règles de vie pythagoriciennes?

— «Il y a des puissances intermédiaires et de nature divine. Elles composent les songes, inspirent les devins», dit Apulée.

— «Ce sont des immortels inférieurs, appelés dieux de deuxième rang, placés entre la terre et le ciel», dit Maxime de Tyr.

Platon pense qu'une sorte de génie, distinct de nous, reçoit l'homme à sa naissance, le suit dans sa vie et après la mort. C'est ce qu'il appelle «le démon qui nous a reçus en partage» (Phœdre). Il serait analogue alors à l'ange gardien des chrétiens.

Peut-être le daïmon n'est-il que la partie supérieure de l'esprit de l'homme, celle qui est séparée de l'élément humain et susceptible de se confondre par l'extase avec l'esprit universel. Elle pourrait alors sous certaines conditions communiquer à un organisme purifié soit la vision des choses passées dont le tableau lui serait accessible, soit la partie des choses futures dont les causes sont générées et dont les effets seraient par conséquent prévisibles.

Mais que le daïmon ait eu des préférences parmi les amis de Socrate, qu'il ait fait un choix, semblerait indiquer que c'est une intelligence différente de celle de Socrate lui-même. Ensuite, Socrate a souvent dit que la voix intérieure qui l'avait souvent détourné d'accomplir une action ne l'avait jamais engagé à en accomplir une autre. Or, c'est une règle parmi les adeptes de ne donner que des avis négatifs, car celui qui incite quelqu'un à faire une chose, non seulement prend sur lui la charge des conséquences mais prive celui qu'il conseille du mérite de l'action.

Apollonius pensait qu'entre l'imperfection de l'homme et le type le plus élevé de la hiérarchie des êtres, il y avait des intermédiaires. Un de ses intermédiaires était l'idéal que nous nous faisons de la beauté, idéal sans forme, mais réel pourtant sur un autre mode d'existence.

Cet idéal était le daïmon dont la réalité était d'autant plus grande que celui qui le créait s'en faisait une idée plus forte. Le daïmon de chacun était proportionné à la foi qu'il avait en lui.

Ainsi, un sculpteur intuitif qui serait versé dans la connaissance de la magie pourrait donner sous certaines conditions une apparence de forme à une créature d'une idéale beauté, enfantée par son propre idéal.

Pour s'abreuver à la perfection de cet être, être inondé de son rayonnement il y aurait alors deux moyens : le réaliser sur le plan terrestre en lui donnant une forme, ou le rejoindre dans son domaine subtil en se dépouillant de sa forme par la transformation de l'extase.

Plotin, Jamblique, Prœlus et tous les mystiques de l'école néoplatonicienne ont utilisé le deuxième moyen. Ils ont poursuivi la beauté de l'âme, la rencontre de l'ego intérieur et resplendissant et grâce à l'entraînement de l'enthousiasme extatique ils sont parvenus quelquefois à l'atteindre.

Peut-être des thaumaturges, possesseurs d'un étonnant secret, ont employé le premier moyen et ont vécu auprès d'un compagnon divin qu'ils avaient pu rendre visible pour leurs yeux d'hommes. Ils ne l'ont alors confié à personne et ils ont été sages.

Ceux qui en ont parlé passèrent pour des insensés, furent enfermés ou brûlés. Et il y en eut aussi dont l'âme était impure et qui enfantèrent des caricatures d'idéal, furent obsédés par des monstres à leur ressemblance.

Le Moyen Âge durant lequel on se transmettait encore des méthodes de magie qui appartenaient à l'antiquité est plein de l'histoire de possédés, tourmentés par leurs propres démons qui, une fois créés ne veulent plus mourir et s'attachent à leur créateur.

Nous ne saurons jamais de quelle essence était le daïmon d'Apollonius, si l'être qui le conseillait, empruntait une forme chaste comme lui-même et belle comme les statues des Dieux qu'il aimait contempler ou si la voix provenait d'un maître lointain désireux de voir son disciple accomplir la mission qu'il lui avait confiée.

— « Je continuerai à m'entretenir avec vous comme si vous étiez présents », dit Apollonius en quittant ses maîtres hindous.

Est-ce leurs paroles qu'il entendit à distance, reçut-il par une divine suggestion l'influx de leurs bonnes pensées ? Celui auquel il a donné le nom d'Iarchas dut souvent apporter au voyageur inlassable, à l'illuminé errant, la consolation d'un appui lointain.

Même dans la plus obscure prison de Domitien, il y avait une heure où une certaine fluidité de l'air annonçait le crépuscule de l'aurore. Le monde était plus silencieux, les murailles devenaient plus légères, l'esprit retrouvait sa propre nature et la voix se faisait entendre :

— « Les plus grands sont ceux qui ne trouvent jamais leur place dans un temps qui n'est pas à leur mesure. Rien de ce qu'on a fait et surtout pensé de bien n'est perdu, même si on est emprisonné ou crucifié pour ce bien. Mais ne fais pas comme l'ascète hindou qui ne pouvait oublier l'injustice. Parce que la parole du maître Jésus sera tombée comme une flamme vivante au fond du cœur des hommes d'Occident, toi, tu seras calomnié et oublié. On t'opposera à lui et les hommes pieux, pendant des siècles, parleront de toi comme d'un prestidigitateur ou d'un montreur d'ours, sans savoir que ta tâche était commune et que tu varies à peine sur les moyens de la réaliser. Mais si tu t'élèves jusqu'à la région où il n'y a ni justice ni injustice, tu sauras que c'est de peu d'importance. Tu sauras que l'hommage qui va à ton frère t'atteint indirectement et tu retrouveras un peu de tes traits sur les innombrables croix qui sont dressées pour lui sur la terre. Et il te faudra aussi partager sa peine qui est immense. Il a été mille fois plus incompris que toi et mille fois plus trahi. Apprête-toi à revenir à ses côtés, quand les jours en seront marqués sur le livre sans caractères. Ce sera peut-être son tour de parler aux rois et le tien d'instruire de pauvres pêcheurs. Tu seras peut-être alors comblé de cette gloire que tu as désirée et seulement alors tu apprendras le goût du fiel qu'elle laisse aux lèvres. »

LE **MAÎTRE INCONNU** DES **ALBIGEOIS**

Le Maître Inconnu des Albigeois

Y eut-il un maître inconnu dont la parole fit éclore la vérité Cathare* ? Un instructeur apporta-t-il d'Orient les éternelles vérités aux hommes albigeois et toulousains ? Est-ce celui qu'un paysan de Rouergue rencontra au bord d'un chemin, un soir qu'il regagnait sa ferme, celui qui avait, d'après ce que le paysan rapporta au tribunal de l'Inquisition, outre une étrange puissance persuasive, un visage de Maure et une lumière bleuâtre autour des cheveux. Est-ce ce Pierre, disciple d'Abelard qui commença à enseigner au douzième siècle ? Est-ce un de ces prêcheurs anonymes qui s'arrêtaient dans les carrefours des bourgades pour apprendre aux hommes simples que la pauvreté qui faisait leur malheur apparent était le gage d'une immense béatitude après la mort ?

Le Véritable Initié, le grand propagateur du Catharisme serait-il ce Nicetas, ce mystique bulgare qui traversa à plusieurs reprises le Midi de la France, jeta à Saint Félix de Caraman les bases d'une Église nouvelle et confia à certains hommes qu'il reconnut purs d'esprit, le livre où était résumé la doctrine spirituelle ? On ne sait rien de lui, sauf la grande impression que laissa son passage et l'extension du mouvement cathare qui suivit son départ pour la Sicile†.

Les plus grands maîtres demeurent cachés et l'on ne retrouve avec certitude à l'origine des Albigeois aucun personnage sublime jouant le rôle d'initiateur. Peut-être, en vertu de la force expansive de la vérité, les doctrines hérétiques venues d'Orient traversèrent-elles l'Europe pour

* L'origine du mot cathare est obscure. Dérivé du grec « pur », cathari devait signifier « ceux qui tendent à la perfection » et être le nom que les membres de la secte se sont primitivement donné. Prononcé Cazari il a pu désigner les habitants de Cazères, petite ville près de Toulouse qui fut un centre de l'hérésie et de même que le mot « Albigeois » s'étendra ensuite à tous les hérétiques du Midi.

† Il est à remarquer que c'est après le séjour en Sicile de Nicetas que se forma le groupe des Fidèles d'amour dont la doctrine avait tant de rapports avec le catharisme. Frédéric II, protecteur des hérétiques y fut dit-on initié. Un des maîtres de ce groupe fut Guido Cavalcanti, ami et initiateur de Dante.

envahir la France et s'étendre jusqu'en Allemagne, comme les pollens de l'arbre que le vent transporte au loin et qui germent partout où il y a une terre propice.

En Grèce, le moine Niphon, homme plein de sagesse et de vertu est condamné à perdre sa barbe par le patriarche Oxitès, ce qui est un supplice bien doux et un peu singulier. On l'enferme aussi. Mais il est délivré par un autre patriarche. Sa barbe repousse et ses prédications ardentes lui suscitent des disciples qui partent à travers le monde pour répandre sa parole.

Près de Turin, une comtesse exaltée qui habite le château de Monteforte, forme avec un mystique appelé Girard, une communauté où l'on essaie de mener la vie parfaite. Tous les hommes y sont égaux et les biens de l'un appartiennent à l'autre. On ne fait pas usage de viande, car il ne convient pas d'ôter la vie aux animaux. On ne boit pas de vin dont la vapeur obscurcit la présence de l'esprit. La vie est une sorte de pénitence et si l'on ne veut pas rentrer éternellement dans de nouveaux corps, se réincarner sans fin, il faut arriver au détachement de toutes choses qui seul permet de réintégrer Dieu. On doit, mais seulement lorsqu'on a atteint un certain degré de perfection, se garder du mariage et de l'acte par lequel se perpétue la vie.

L'archevêque de Milan dirigea une expédition contre le château de Monteforte. Il s'empara des hérétiques et les fit tous brûler. L'historien de ces faits note qu'il aurait préféré leur laisser la vie sans expliquer pourquoi il ne le fit pas.

Et alors se vérifièrent les paroles que Girard avait dites avant de mourir.

— « Ce n'est pas moi seulement que le Saint-Esprit visite. J'ai une grande famille sur la terre et elle comprend un grand nombre d'hommes qu'il éclaire, certains jours et à certaines heures et auxquels il donne l'illumination. »

On vit de toutes parts cette illumination se manifester.

Une femme inconnue arrive à Orléans et après l'avoir écoutée, tous les chanoines de l'église collégiale de Sainte-Croix deviennent hérétiques. Deux clercs, Etienne et Lisoi sont les théologiens d'une nouvelle Eglise où l'on enseigne que Jehovah, le dieu de la Bible fut un Dieu mauvais qui après avoir eu l'imprudence de créer, ne s'occupa que de châtier, une Eglise où l'on rejette le baptême et où l'on n'obtient la rémission des péchés que par la perfection de la vie.

Sur l'ordre du roi Robert, ces hérétiques sont saisis dans une maison d'Orléans où ils étaient réunis. On les entraîne dans une église où Guarin, évêque de Beauvais, les interroge pendant qu'on dresse leur bûcher en dehors de la ville. La reine Constance attend la sortie des condamnés devant le portail de l'église et elle tient personnellement à crever avec le bout de sa canne, un œil d'Etienne parce qu'il avait été auparavant son confesseur et lui avait fait courir le risque d'ouïr quelque fausse doctrine. L'historien note qu'une nonne préféra abjurer ses erreurs que de mourir par le bûcher, sans indiquer le nombre de ceux qui préférèrent mourir que d'abjurer.

L'esprit souffla au hasard, toucha les extravagants autant que les raisonnables. Un jour que le breton Eon de Loudéac écoutait la messe dans une église, il s'endormit. Or le prêtre qui officiait avait une voix retentissante et cette voix réveilla Eon en prononçant la phrase de la liturgie : « per eum qui venturus est judicare vivos et mortuos... ». Eon crut entendre prononcer son nom dans ces syllabes : « per eum » ! C'était Dieu qui le conviait à être juge des vivants et des morts à reconnaître les purs et les impurs. Il sortit précipitamment de l'église. Sa mission commençait.

Il se mit à prêcher. Il flétrissait la richesse des prélats, la dureté des puissants. Tous ceux qui possédaient étaient les morts. Lui, Eon, conférait la vie par l'imposition des mains. Il jugeait, comme Dieu le lui avait prescrit, en s'adressant à lui directement. Il exposait les doctrines cathares qui étaient mystérieusement arrivées jusqu'à lui et sa sincérité, voisinant avec une sorte de folie pleine d'allégresse le rendait populaire dans tous les lieux où il passait. Des disciples se groupèrent autour de lui et leur nombre alla grandissant. Eon après avoir parcouru la Bretagne descendit vers le Midi. Il campait avec sa troupe dans les landes et les forêts. Il avait organisé une Église de prêtres selon Dieu qui ne possédaient rien et allaient, presque nus, suivis d'une immense cohorte de fidèles.

L'archevêque de Reims parvint à disperser le flot menaçant de ces hommes purs. Le pape Eugène III vint présider en personne le concile qui jugea Eon. Mais à toutes les interrogations, Éon se contenta d'affirmer qu'il était « celui qui devait juger les vivants et les morts » à cause d'un ordre de Dieu.

Dans les Flandres c'est Tanquelin qui parle aux pêcheurs, comme Jésus. Il enthousiasme les populations du Nord en proclamant que les sacrements sont inutiles et que les femmes doivent être mises en commun à cause de la vanité du plaisir qu'elles procurent. Mais le succès lui fait perdre la raison. Il se laisse aller à festoyer avec ses disciples. Il revient à ce goût des richesses qu'il avait commencé par proscrire. Cet ancien apôtre de la simplicité, se revêt d'un habit de prince, entoure ses cheveux de bandelettes d'or, et un jour, devant une statue il se fiance à la Vierge Marie.

Mais c'est dans la région d'Albi, de Carcassonne et de Toulouse que s'opère la révolution mystique. Il y a Pons dans le Périgord, Henri à Toulouse, Guillabert à Castres. Mais ceux-là sont des lettrés et des philosophes qui expliquent par écrit la sagesse du catharisme. Le dogme romain avait fermé ses portes de fer et élevé les murailles de ses principes à jamais immuables. Avec la philosophie cathare, beaucoup d'esprits accueillirent la possibilité de voir s'ouvrir par la libre recherche le sens spirituel des Écritures et de résoudre les problèmes métaphysiques qui ont de tout temps hanté les intelligents. Les autres, ceux qui ne lisaient pas de livres, mais qui regardaient et s'indignaient du faste et de l'immoralité des évêques, écoutèrent les ascètes des carrefours parce qu'ils avaient des âmes semblables a celles des premiers chrétiens et qu'ils retrouvaient dans leurs paroles la pure doctrine du maître Jésus.

Ce que l'Église appela « l'abominable lèpre épidémique du Midi » se manifesta comme une épidémie de désintéressement, une communication de bonté, une chaîne de sacrifice.

Un riche bourgeois de Carcassonne s'éveille la nuit parce qu'il ne peut plus supporter l'idée de sa richesse, quand il y a tant de pauvres qui n'ont rien. Une voix intérieure lui a dit qu'il ne fallait pas perdre une minute et il lui obéit scrupuleusement. Il charge ses meubles précieux sur ses épaules et il les transporte dans la rue afin que chacun puisse prendre ce qui lui convient. Comme la nuit est obscure, il allume deux chandeliers devant sa porte pour faciliter le choix du passant et comme la rue est déserte, il s'empare d'une trompette et il en joue pour qu'on sache que ses biens ne sont plus à lui, qu'on se hâte de l'en dépouiller et que le soleil levant éclaire sa pauvreté rédemptrice.

À Lavaur, un homme bègue se force à parler et devient éloquent par le désir d'apprendre à ses frères qu'il n'y a pas qu'une seule vie de douleur, mais qu'il faudra se réincarner sans fin dans de nouveaux corps d'hommes si on n'échappe pas à cette inexorable roue en devenant parfait dans une vie.

À Montauban, un certain Querigut scandalise la ville en abandonnant une épouse qu'il aimait pourtant avec tendresse et en la laissant à un autre homme dont elle était aimée. Il se retire sur une colline du voisinage hantée par les loups, il se nourrit de fruits et de racines, dort avec joie sur la terre nue, car, dit-il, on est enseigné par le compagnonnage des loups, plus le corps souffre, plus l'âme s'élève, plus on triomphe de l'amour humain et plus en gagne l'amour divin.

Le renoncement bouddhiste devient une loi morale qui se répand avec une étonnante rapidité. De Bordeaux jusqu'aux confins de la Provence, dans l'âpre Languedoc, sous les marronniers de l'Albigeois, et les landes du Lauragais, les routes sont pleines d'ascètes qui vont nu-pieds et qui sont avides de faire savoir à leurs frères ce que l'esprit leur a révélé. Et ce sont toujours des humbles qui sont inspirés. L'esprit est écarté par le magnétisme que dégage l'or des églises. Au contraire, il entre volontiers dans une cabane solitaire sur une hauteur, dans la petite maison d'un artisan adossée aux remparts d'une ville ou dans un monastère paisible sur les bords de l'Ariège ou de la Garonne. Dans l'allée des peupliers, le cloître de pierre où tournent une centaine d'hommes au crâne rasé, il souffle parfois avec une force si communicative qu'il fait clore la porte, laisser le jardin et la chapelle à l'abandon et il change ces copistes de manuscrits, ces enlumineurs de missels en prophètes errants de la nouvelle hérésie.

À la fin du XIIe siècle cette parole des Pélagiens : « Christ na rien eu de plus que moi, je puis me diviniser par la vertu... » apparaît comme essentielle à la plupart des hommes du Midi. De plus en plus étrangers au Dieu des églises, le Dieu qui avait des images trop dorées dans des chasses trop magnifiques, le Dieu des riches prélats et des seigneurs impitoyables, ils honorent le Dieu intérieur dont la lumière est d'autant plus visible qu'ils mènent une vie plus pure et plus remplie d'amour pour leurs semblables.

Crime du désintéressement et de l'amour ! Il ne peut pas y en avoir de plus grand aux yeux des hommes égoïstes. La haine que suscite la supériorité morale est toujours impitoyable. L'Eglise chrétienne avec sa hiérarchie sacerdotale, ses confréries de moines richement dotées, ses puissantes abbayes, ne devait pas pardonner aux Cathares de donner l'exemple d'un ascétisme plus grand que le sien. Il n'y a pas de tragédie plus cruelle dans l'histoire que celle de l'anéantissement presque total de la race méridionale par le roi de France et par le pape, par les barons du Nord et par l'Eglise de Jésus*.

LA CROISADE

En ce temps-là, le pays qui allait de la mer de Provence et des tours de Fréjus, jusqu'aux pins maritimes de Guyenne,

Mais les hommes du Midi semblaient alors aux hommes du Nord, ce

* Toutes les histoires de France sont les histoires de l'unité de la France et non l'histoireimpartiale de ce pays. Cette idée d'unité fait aller à rencontre de la plus élémentaire justice. La guerre des Albigeois semble avoir servi la future unité de la France. Aussi elle ne soulève qu'une incomplète indignation chez ceux qui la racontent. Elle est partout résumée hâtivement. On veut l'oublier. Elle est gênante. Michelet lui même, apôtre du droit, ne peut s'empêcher de laisser percer le mépris qu'a toujours inspiré et qu'inspire encore à l'homme du Nord « les mangeurs d'ail, d'huile et de figues » était, après l'Espagne savante des Arabes, le plus civilisé de la terre. La lumière d'Athènes et d'Alexandrie l'éclairait encore d'un rayon qui ne voulait pas s'éteindre. Les thermes et les arcs de triomphe des empereurs n'étaient pas tombés en ruine dans ses cités et il n'y avait pas une colline sur laquelle ne se dressât, entre la vigne et l'olivier, la blancheur d'un marbre romain. Aristote et Platon qu'on était allé traduire en latin à Grenade, étaient la nourriture de ses lettrés. Les villes avaient des libertés municipales ignorées par les villes du Nord. À Toulouse le pouvoir des Capitouls élus par le peuple tempérait celui des comtes. L'immense littérature des troubadours fleurissait jusque dans les villages perdus des Pyrénées. Et les envahisseurs Sarrasins avaient laissé en s'en allant des théorbes qui venaient de Damas et sur lesquels on faisait résonner la musique de l'Orient.

qu'ils leur paraissent encore aujourd'hui : une race bavarde, vaine et oisive. Leur légèreté joyeuse était un manque de sérieux et leur mysticisme ne pouvait être qu'hérétique. Les souvenirs du paganisme étaient parmi eux plus vivants qu'ailleurs, la liberté de pensée était plus grande, elle se traduisait dans les vers satyriques des poètes, dans les prédications des moines prêcheurs, dans les mouvements populaires si audacieux, si irrespectueux qu'on put voir saint Bernard, après une tournée triomphale en France, hué par la foule toulousaine. Les croisés qui revenaient de Constantinople et de la Palestine et qui pour rentrer chez eux débarquaient à Fréjus et à Marseille ne pouvaient s'empêcher de trouver une étrange ressemblance entre les méridionaux bruns et maigres, aux os trop saillants, aux faces trop longues et ces infidèles qu'ils avaient combattus avec une si pieuse ardeur et une si grande soif de pillage.

C'est vrai, les seigneurs de Provence et de Gascogne avaient été leurs compagnons. Mais en remontant le Rhône pour gagner les forêts d'Armorique ou les landes de Flandres, ils voyaient des villes trop claires, dont les architectures différaient des leurs, des villes qui ressemblaient de loin à celles qu'ils venaient d'assiéger et devant lesquelles tant de chevaliers avides de richesses étaient tombés pour un butin insuffisant. Ils voyaient les restes détestables de l'invasion Sarrasine. C'était non loin de Saint-Tropez la masse du château Fraxinet d'où les infidèles avaient commandé si longtemps la côte méditerranéenne, les fortifications de Narbonne aux tourelles dentelées, l'abbaye de Saint-Donat près de Grenoble et ces tours octogones sur les hauteurs, gardiennes de passages et de carrefours qui attestaient le séjour des Maures venus d'Espagne. Les robes des femmes étaient trop voyantes et avaient quelque chose d'oriental et d'impudique. La langue avait une résonance barbare. Les villes renfermaient un grand nombre de juifs et non seulement ceux-ci exerçaient librement leur religion maudite, mais ils avaient des commerces prospères, professaient les lettres et la médecine, étaient honorés par une noblesse insouciante.

Aussi, quand sur l'ordre du pape Innocent III les moines de Citeaux se répandirent dans toute la France pour prêcher la guerre d'extermination contre Raymond VI, comte de Toulouse et contre le Midi tout entier, ils trouvèrent un terrain préparé. L'opération était mille fois plus avantageuse que celle que l'on avait tentée en passant les mers sous le prétexte de délivrer le tombeau du Christ. On avait les mêmes avantages spirituels assurés par l'Église, la rédemption des péchés et même la vie éternelle et les avantages matériels étaient immédiats et connus. On savait les richesses des châteaux, la beauté des femmes, l'abondance du vin. Ce devait être une œuvre bénie de Dieu que d'envahir cette terre ocrée comme un paysage de Palestine, de mettre à mort ces hommes d'Oc turbulents et révoltés, de posséder, au milieu d'étoffes mauresques, leurs épouses perverses comme les filles de Satan.

Trois figures terribles dominent le grand massacre Albigeois. Pour que ce massacre ait été possible, il a fallu que dans le même temps un extraordinaire génie de violence, d'organisation et d'hypocrisie s'incarnât dans trois hommes, également dépourvus de pitié et peut-être également sincères dans leur haine de l'hérésie et leur amour de l'Église.

Ce fut le pape Innocent III qui voulut et qui décida la croisade avec une volonté obstinée. L'assassinat du légat Pierre de Castelnau ne fut qu'un prétexte. Tous les historiens sont unanimes à glorifier le génie de ce pape. Les grands hommes de l'histoire sont ceux qui font quelque chose, qui exercent vers un but une puissante volonté. On ne se préoccupe pas après eux si le but fut sublime ou néfaste et la réussite donne la mesure du génie.

À peine élu pape, Innocent III commence à parler dans tous ses discours « d'exterminer les impies ». C'est là l'idée maîtresse de sa vie et il l'a pleinement réalisée. Il pense avec une puissante conviction que tout homme qui essaye de se faire de Dieu une opinion personnelle en désaccord avec le dogme de l'Église doit être impitoyablement brûlé.

Il va même plus loin. Il estime que l'on doit déterrer les cadavres des morts hérétiques, dont on a ignoré l'hérésie de leur vivant pour leur ôter une paix a laquelle ils n'ont pas droit. « En 1206, il excommunie un abbé de Faenza qui se refusait à laisser déterrer les restes d'un hérétique déposés dans le cimetière abbatial »*. « Il faut que l'habile investigation des catholiques », dit-il, « révèle le crime de ceux qui ont feint de mener

* Achille Luchaire, *Innocent III*, Paris 1905.

une vie chrétienne pour égarer l'opinion».

Dans un décret adressé aux bourgeois de Viterbe, il assure que «la sentence divine punit les pères jusque dans les fils et que les lois canoniques sanctionnent cette disposition».

Il est très bien renseigné sur la pureté des mœurs des Albigeois et des Cathares, et cependant il les traite de «sectes lascives qui, bouillant d'ardeur libertine, ne sont que les esclaves des voluptés de la chair». Il exhorte sans scrupule ses envoyés à tromper le comte de Toulouse par des promesses qui ne seront pas tenues, car pour une aussi juste cause que la destruction d'un peuple, tous les moyens lui paraissent bons.

Il trouve en Simon de Montfort l'instrument de fer qui doit servir sa fureur apostolique.

Ce Simon de Montfort est un guerrier noble et pauvre. Il est sexagénaire quand commence la croisade et dépouillé du désir des femmes qui peut inciter un chef a l'indulgence quand on va massacrer les habitants d'une ville. Ses mœurs sont austères. Il ne sait pas lire et il ne songe pas à apprendre. Peut-être ne pourrait-il pas d'ailleurs. Il est étonnamment myope. Quand il se bat, il ne voit pas l'ennemi qu'il frappe. Il donne des coups d'épée au petit bonheur et il rit bruyamment ensuite avec ses chevaliers d'avoir pu tuer sans voir. Ses paupières sont toujours fermées et on l'a appelé le chevalier sans yeux. Peut-être une partie de sa cruauté vint-elle de ce qu'il ne vit jamais les expressions de désespoir sur le visage de ses victimes. Il obéit en aveugle aux ordres du pape. Il est animé d'une inconcevable cupidité mais il est prodigue avec le clergé. Il ne voit pas plus loin que son nez mais il a le don de voir les richesses à travers les murailles et quand il a traversé une ville il sait quel habitant il doit accuser d'hérésie pour confisquer ses biens à son profit. Il ignore l'honneur chevaleresque de son temps. Il est comme possédé par une folie destructrice, une passion froide de raser des châteaux, de faire périr des prisonniers, de promener la dévastation. Pendant les dix années que dure la guerre, on ne peut rapporter de lui un trait de pitié. Il est dévoré par la haine du pays qu'il conquiert et dont on l'a nommé suzerain. Il n'aime même pas les siens. Quand il lève le siège de Toulouse, il abandonne ses blessés qu'il aurait pu emmener avec lui. Il est impitoyable pour les faibles et il se prosterne devant les puissants. Il est le valet des évêques, l'esclave du pape. Le lion est son emblème héraldique. Rien n'exprime davantage le mal que la face de ce félin monstrueux et féroce. Simon de Montfort ressemble au lion. Il a le courage que donne la certitude d'être le plus fort. Il est le symbole du mal incarné dans l'homme et ce mal s'exerce d'une façon d'autant plus redoutable qu'il a mis sur son visage le masque de l'Archange Saint-Michel*.

Un grand saint lève une croix derrière le front de Montfort pour lui faire une sorte d'auréole et lui permet de puiser à une source idéale cette exceptionnelle puissance de détruire les villes, de faire périr des hommes.

Ce saint est l'Espagnol Dominique de Guzman. Il est pour le domaine spirituel ce que Montfort est pour la pierre et pour la chair. Mais l'ennemi auquel il s'attaque a plus de résistance que les murailles de Carcassonne ou celles du château narbonnais. C'est l'hydre de l'hérésie qu'il entrevoit dans les âmes. Ce sont les pensées de pureté qui montent plus haut que les tours, les rêves divins plus légers que les nuages. Pour arriver à ses fins, il imite les ascètes Albigeois, il s'en va nu-pieds, en demandant son pain sur les routes méridionales, avide de parler et de convertir. Sa foi est aussi absolue, son désintéressement aussi parfait que ceux de ses ennemis. Mais il ne sait pas mendier. Il le fait avec orgueil et il a envie de frapper de son bâton celui qui a rempli sa besace généreusement mais qui est demeuré muet quand il a parlé de la sainte Eglise. Ceux qu'il rencontre en cheminant ont des crânes aussi durs que son crâne espagnol et dans sa rage de ne pas les convertir, il forge le plan d'un Ordre terrible, l'Ordre qui convertira un peu plus tard par la force.

Le son de sa voix est rauque et il n'a pas pu perdre son accent d'Espagne. De ce côté des Pyrénées, la voix est chantante et l'homme du Midi reconnaît sa race à une lumière de l'œil noir que le moine d'Osna ne possède pas. Il est incapable de gagner les cœurs. Il ne se retrouve avec

* Michelet désireux de lui trouver quelque vertu parle : « de son courage, de ses mœurs sévères, de son invariable croyance en Dieu ». Il raconte aussi avec admiration un récit rapporté par tous les chroniqueurs. Simon de Montfort aida une fois, au péril de sa vie, plusieurs de ses soldats à passer une rivière. Et M. Achille Luchaire dit en parlant de lui : « Un diplomate plein de ressources, un organisateur habile des pays conquis ».

les siens que parmi les barons du Nord. Simon de Montfort n'agit jamais sans prendre conseil de lui. Le mystique suit le guerrier. Il n'a jamais un mot de clémence. Il n'intervient jamais en faveur de femmes ou d'enfants d'hérétiques que l'on va massacrer devant lui et il assiste à toutes les tueries.

D'ailleurs, il regarde les maux de la croisade comme le juste châtiment de fautes qui ne méritent pas de pardon.

À Prouille, il avait dit à la foule :

— « Là où ne vaut la bénédiction vaudra le bâton. Voici que nous exciterons contre vous les princes et les prélats.

Les tours seront détruites, les murailles renversées et vous serez réduits en servitude. »

Il n'a aucun scrupule à s'installer dans les demeures que Montfort lui donne et qui sont volées aux seigneurs du Midi, pour en faire les monastères de son Ordre. Un globe de feu tombant la nuit d'une façon miraculeuse sur le domaine de Prouille lui indique que là Dieu veut voir s'élever l'école des convertisseurs qui doit porter son nom et il n'hésite pas à faire déposséder Guilhem de Prouille de son bien héréditaire.

Ses disciples après lui glorifient le saint et s'enorgueillissent du miracle, sans trouver invraisemblable que Dieu ait envoyé un globe de feu pour désigner le lieu d'une rapine.

Le sens de sa vie est indiqué par un autre miracle qui eut lieu à Toulouse en 1234, le jour de sa canonisation. L'évêque Raymond venait de célébrer cette canonisation par une messe, dans le couvent des Dominicains.

Comme il se rendait au réfectoire pour achever la fête religieuse par un repas, on vint lui apprendre qu'une femme hérétique de Toulouse était en train de mourir dans la rue de l'Olmet Sec et qu'elle attendait l'évêque Cathare pour en recevoir le consolamentum. Aussitôt il se précipite avec des soldats. Les parents de la mourante crient :

— « Voici Lève que ! »

La femme trompée croit qu'il s'agit de l'évêque Cathare et, avec allégresse, elle affirme sa foi devant Raymond, elle répond à toutes ses questions, lui donne les noms des croyants qu'elle connaît. L'évêque et les Dominicains la font condamner avec rapidité et ils ont le temps de la voir brûler sur la place voisine sans que le repas ait subi un retard exagéré. Mais une méprise si heureuse, un bûcher si vite allumé sont les signes de la faveur de Saint-Dominique. Les moines rentrent au réfectoire en chantant des cantiques et ils célèbrent par un appétit inaccoutumé le miracle qui marque la canonisation du saint.

On sait, ou plutôt on devrait savoir l'histoire de la croisade Albigeoise. Je la résume rapidement.

* * *

Le Catharisme venait de se répandre avec une extraordinaire rapidité dans le Midi de la France. C'était le culte rayonnant de l'Esprit pur qui s'emparait des âmes et il faisait courir le plus grand danger à l'Eglise matérialiste du pape. Innocent III le comprit et il dépêcha dans le Midi de la France plusieurs légats apostoliques. Ces légats se rendirent à Toulouse qui était la capitale du Catharisme.

Ils étaient résolus à frapper un coup retentissant qui ferait pleurer le Midi et l'épouvanterait.

Il y avait alors a Toulouse dans la rue du Taur, un vénérable vieillard appelé Pierre Maurand qui avait été l'hôte de Nicetas et qui tenait chez lui des réunions nocturnes où il prêchait la religion nouvelle. On le comparait à Saint Jean à cause de ses yeux illuminés. Il était capitoul et sa fortune était une des plus grandes de Toulouse. Les légats le firent comparaître solennellement devant le peuple, l'interrogèrent, le convainquirent d'hérésie et le condamnèrent à mort. La force d'un martyr n'était pas en lui. Il eut peur de la mort, plus dure à un riche vieillard qu'à un autre homme et il promit de rentrer dans l'Église romaine. Mais on lui imposa un retour difficile. Il dut aller nu, à pied, de la prison à l'église de Saint-Sernin entre l'évêque de Toulouse et un des légats qui le fouettaient de verges à tour de bras. Là, il demanda pardon à genoux, il abjura et il s'entendit condamner à avoir ses châteaux détruits, ses biens confisqués. Il devait partir pour la terre Sainte et durant trois années se consacrer à secourir les pauvres de Jérusalem. En outre, avant son départ, pour qu'aucun habitant de Toulouse n'ignorât son abjuration, il devait pendant quarante jours visiter en se flagellant toutes les églises de Toulouse.

Pierre Maurand qui avait alors quatre-vingts ans, se fouetta et erra nu dans les rues pendant les quarante jours prescrits. Il partit, traversa la mer, atteignit l'Orient. Il alla en Arabie s'entretenir sur des sujets mystiques avec le soufi persan Farid Uddin, il séjourna à Tripoli, connut le philosophe Maïmonide, passa trois années à Jérusalem et put rentrer à Toulouse où ses amis ne pensaient plus le revoir. Sa carrière n'était pas finie. Elle commençait presque.

Symbole de la race tenace des hommes de Toulouse, il recommença à prêcher secrètement et il fut chaque trois ans et à cinq reprises élu Consul de la ville par ses compatriotes désireux d'honorer en lui la résistance nationale au pape étranger. On s'était tellement habitué à l'idée que la mort ne pouvait le frapper qu'il passa longtemps pour s'être réfugié dans les forêts de Comminges et un siècle et demi après les gens des faubourgs prétendirent avoir vu Pierre Maurand faire le tour des remparts de Toulouse, pour en examiner la solidité*, appuyé sur son bâton et très droit, comme jadis.

Le Midi avait été terrifié par la condamnation de Pierre Maurand. Le pape qui osait toucher à un vieillard d'une vertu aussi parfaite ne pouvait être que le pape du mal. Le Catharisme grandit : les églises furent abandonnées. Une nouvelle Eglise spirituelle sans monuments, sans hiérarchie et sans costumes d'apparat se créa secrètement. La voix de l'espagnol Dominique retentit inutilement sur le parvis des cathédrales.

Le légat Pierre de Castelnau repartit vers Rome découragé. C'était un ancien abbé de Maguelonne. Le jour où il avait été promu au titre de légat par le pape, il avait été atteint comme par une flèche, d'une sorte de folie d'orgueil. Il avait fait habiller ses gardes de rouge et il marchait revêtu d'un étrange uniforme ecclésiastique, chamarré d'or. Il venait d'excommunier Raymond VI, comte de Toulouse. Il avait fait réunir les capitouls, les notables et le peuple et il avait repris en s'adressant au

* Ne pouvant croire à cette étonnante longévité quelques historiens ont prétendu à tort que les Consuls qui se succédèrent après son voyage en Palestine étaient ses fils.

comte les termes d'une lettre d'Innocent III.

— « Homme pestilent ! Tremble, pervers ! Tu es comme les corbeaux qui vivent de cadavres. Impie, cruel et barbare tyran ! N'es-tu pas confus de protéger les hérétiques ? »

Il avait menacé Toulouse de la destruction, et il avait assuré que par ses soins personnels on labourerait bientôt là où s'élevaient les tours de ses remparts.

Un jeune homme dont le nom n'a pas été retenu avait vivement ressenti l'injure faite à la cité. Il résolut de punir l'orgueilleux légat. Il le suivit jusqu'au Rhône ce qui devait être aisé à cause de l'éclat des costumes de sa suite. Près de Fourques, à la nuit tombante, comme Pierre de Castelnau s'apprêtait à passer le fleuve, le toulousain s'élança sur lui et lui porta un coup de lance dont il mourut. Il put s'enfuir jusqu'à Beaucaire et regagner Toulouse où nul ne le punit de son acte.

Le pape Innocent III, dit « la chanson de la Croisade » en apprenant la mort de son légat « de l'affliction qu'il en eut, tint longtemps la main à sa mâchoire et invoqua Saint-Jacques-de-Compostelle ». Il ne devait pas s'en tenir là. Il envoya des messages à tous les rois chrétiens. Toutes les chaires romaines fulminèrent de malédictions. La croisade contre les hérétiques Albigeois fut prêchée avec la promesse des riches cités du Languedoc à piller. La noblesse de France à la tête de routiers allemands s'apprêta à descendre vers le Midi par le Rhône, par le Velay et par l'Agenois.

Le Midi pouvait tenir tête au Nord. Si Raymond VI, le plus puissant seigneur d'Occident après le roi de France avait réuni ses armées et s'était entendu avec l'héroïque Trencavel, vicomte de Béziers, la victoire lui serait peut-être restée. Mais il était possédé par l'amour des femmes plus que par celui de son peuple. Déjà, adolescent, il excitait la colère de son père parce qu'il s'obstinait à le tromper avec ses maîtresses. Il venait de se marier pour la cinquième fois avec la belle Eléonore d'Aragon qui avait seize ans et que son père avait été obligé de tenir captive dans une tour parce qu'elle ne pouvait voir un homme sans se pâmer. Il désirait savourer en paix la possession d'une aussi ardente créature. Albigeois de cœur, il commençait à s'habituer aux excommunications. Mais il craignait une lutte ouverte avec l'Eglise. Peut-être avait-il ce goût de se trahir soi-même que l'on rencontre chez certains hommes usés par l'amour du plaisir. D'ailleurs on ne peut rien attendre de grand de quelqu'un qui a les yeux chassieux, les mains trop grasses et molles et toujours un peu humides. Il fit sa soumission au pape. Il fut assez misérable pour guider l'armée des croisés dans les plaines du Midi et combattre ceux qui s'étaient placés sous sa protection.

Les croisés arrivèrent devant Béziers où s'étaient enfermées les populations des campagnes fuyant devant les envahisseurs. La ville contenait avec tous ceux qui s'y étaient entassés plus de soixante mille personnes. Un grand nombre n'avait pas participé à l'hérésie et étaient d'excellents chrétiens. C'est là qu'eut lieu, au nom de la religion de Jésus, par le fanatisme de l'un des plus vénérés entre ses papes, un des plus sauvages massacres de l'histoire. D'ailleurs, l'histoire si habilement contée aux enfants par les historiens officiels, mentionne à peine, en passant, la prise de Béziers et semble la considérer comme un événement sans importance.

Les portes furent forcées le premier jour par l'avant-garde des Ribauds. On appelait ainsi des bandes de brigands qui accompagnaient les armées pour profiter des pillages et détrousser les morts. Les croisés s'élancèrent derrière eux. La veille un conseil des chefs et des légats avait décidé l'extermination de toute la population.

— « Mais comment », avait dit un baron ingénu, « distinguerons-nous les catholiques des Cathares ? »

Et l'abbé de Cîteaux avait répondu, réprimant sans doute le sourire que lui inspirait une semblable candeur : « Tuez-les tous, Dieu saura reconnaître les siens ».

Comme les rues étaient pleines de morts et que les portes des maisons étaient enfoncées, le peuple crut trouver le salut en se réfugiant dans les églises. Les croisés y mirent le feu. Douze mille personnes périrent dans la cathédrale de Saint-Nazaire dont le plafond se fendit et dont trois côtés éclatèrent dans le même moment. Toute la ville fut livrée aux flammes et les soldats du pape encerclèrent cet immense bûcher, mettant à mort ceux qui tentaient d'en sortir.

— « Que Dieu reçoive les âmes des morts dans son paradis ! » dit un pieux chroniqueur après avoir narré la prise de Béziers.

L'abbé de Cîteaux, dans la lettre qu'il écrit au pape pour lui faire le récit de l'événement, pris d'une modestie singulière, n'évalue les morts qu'à vingt mille à peine.

Le jeune vicomte Trencavel qui avait vingt-cinq ans, qui était courageux comme Roland et beau comme le héros d'un roman de chevalerie s'était enfermé dans son imprenable cité de Carcassonne. Sa peau était couleur de lait et il était étonnamment imberbe avec des yeux bleus pleins de crédulité ce qui lui donnait une apparence d'enfant. Mais il avait un crâne carré qui faisait penser aux tours qu'élevaient les Templiers. Il était confiant jusqu'à l'absurdité et d'une violence extrême. Naguère à Béziers, il avait cruellement vengé son père assassiné par des notables de la ville. Non seulement il avait fait mourir ces notables mais, comme il avait entendu dire que leurs femmes avaient joué un rôle dans cette affaire, il avait forcé ces femmes à épouser les meurtriers de leurs maris, gens de basse condition. Ses sujets avaient vu là un beau trait d'énergie.

Ce fut en vain que la croisade battit les tours de pierre et les larges murs de Carcassonne avec les solives des machines, les pluies de flèches et le travail des sapes. La vaillance des assiégés repoussait les attaques. Une sorte de légende s'attachait au courage de Trencavel. Les barons du Nord sentirent que ce jeune homme plein de foi était comme le cœur du Languedoc et qu'il fallait arracher ce cœur pour obtenir la victoire. Ils se servirent pour le perdre de sa divine crédulité. Sous la sauvegarde du Christ, si authentiquement représenté par les légats romains, on lui demanda de venir sans armes dans le camp des Croisés afin de s'entretenir des conditions d'une paix possible. Le confiant héros, incapable de soupçonner une trahison sans exemple sortit de sa ville malgré l'inquiétude de ses compagnons d'armes qui le suppliaient de demeurer. À peine arrivé sous les tentes où se trouvait l'élite de la noblesse de France il fut saisi et retenu prisonnier.

On l'attendit tout le jour sur les remparts. Quand la nuit vint, les défenseurs de Carcassonne comprirent qu'ils ne reverraient plus leur chef. Alors des gémissements éclatèrent; ils se propagèrent de tour en tour, de rue en rue et de partout monta dans la nuit une plainte funèbre, le désespoir de la cité privée du chef héroïque qui incarnait sa vie.

C'était le 15 août, jour de la fête de la Vierge, protectrice de la Croisade. La nuit était extraordinairement claire. Les assiégeants crurent voir de loin les silhouettes des archers qui faisaient le guet devenir moins nombreuses sur les remparts, puis disparaître. La plainte nocturne diminua, mourut et il passa sur Carcassonne désespérée un impressionnant silence. L'assaut devait être commencé au lever du soleil. La forteresse semblait morte, comme un immense tombeau de pierre. Chevaliers et soldats avancèrent avec prudence, sous leur bouclier, croyant à un piège. Ils forcèrent une des silencieuses portes et quand elle fut tombée, ils avancèrent à pas lents, glacés de stupeur dans une ville déserte, muette, comme ce^s villes des mille et une nuits, frappée d'un enchantement. Par les fenêtres entrouvertes, on voyait les intérieurs des maisons avec leurs richesses abandonnées. Dans les carrefours, des chiens hurlaient à la mort. Il y avait des armures vides sur le sol et des chevaux couraient çà et là. On pensa d'abord à un miracle puis on connut la vérité.

Le vieux baron Pierre de Cabaret, ami de Trencavel avait fait creuser quelques années auparavant un large souterrain allant du donjon de Carcassonne à son château de Cabardez, dans la montagne noire. Les guerriers, les consuls, toute la ville s'étaient enfuis durant la nuit. C'est à peine si les croisés purent trouver, terrés au fond des caves, pour leurs gibets et leurs bûchers, quatre ou cinq cents Cathares oubliés, qu'on se hâta de pendre et de brûler, en trouvant que c'était bien peu.

Le Midi était virtuellement vaincu. Les vainqueurs le donnèrent par élection à Simon de Montfort qui y demeura pour achever d'éteindre l'hérésie, avec ses bandes venues des Pays-Bas et de l'Allemagne.

Le lendemain de cette élection, on apprenait que Trencavel, vicomte de Béziers, était mort de maladie dans la prison où il avait été enfermé. Il fut connu jusqu'aux confins de la chrétienté que Montfort avait fait assassiner celui qu'il venait de dépouiller. Mais un assassinat était bien peu de chose quand il s'agissait d'hérésie.

Et l'hérésie était encore vivace. Il fallut prendre les châteaux un par un, recommencer les sièges après les sièges. À Minerve, près de Narbonne, à Limoux, non loin de la montagne de ruines et d'ossements qu'était la malheureuse cité de Béziers, à Pamiers et à Mirepoix, partout Simon de Montfort dresse des potences et fait flamber des hérétiques. Les moines des abbayes et les fonctionnaires ecclésiastiques des villes, traîtres à leur pays, appellent l'homme du Nord, envoyé par le Pape, tandis que les Albigeois refluent vers les forêts des Pyrénées. L'inlassable armée des croisés longe l'Ariège, puis la Garonne, revient vers l'Aude et recommence un nouveau massacre de toute la population de Lavaur dont la belle châtelaine, Dona Geralda, fut jetée vivante dans un puits pour que sa mort fut lente et digne de la grandeur de son impiété.

« Nous les exterminâmes avec une immense joie » dit, en parlant des habitants le pieux Pierre de Vaux de Cernay, le chroniqueur de la croisade. Il signale à un autre moment que les Albigeois « se précipitaient eux-mêmes dans les bûchers, tant ils étaient pervers et obstinés dans leur malice ».

Une proie, et peut-être la plus désirable, échappa pourtant à la fureur de Montfort. Ce fut le château aux trois tours de Cabardez situé sur un contrefort de la Montagne Noire et où s'était réfugié Pierre de Cabaret et les défenseurs de Carcassonne. Pierre de Cabaret était marié à Brunissande la plus belle châtelaine du Languedoc dont les chants des troubadours avaient rendu la beauté célèbre dans le monde. Il avait une fille d'un premier mariage, la blonde Nova, et une belle-fille, la brune Stephania de Sardaigne qui n'étaient pas moins illustres que Brunissande pour la beauté du corps et la sentimentalité amoureuse de l'âme. Les chevaliers de Montfort rêvaient des trois jeunes femmes enfermées dans le château aux trois tours. Quelle récompense pour les vainqueurs ! Ils eurent pour les longs soirs de siège devant les tentes un aliment à leurs imaginations luxurieuses. Il dut y avoir des querelles, des choix et des partages. Brunissande passait pour s'être refusée à son époux par chasteté mystique de cathare parfaite et c'était un attrait de plus. C'était un attrait aussi que la jeunesse virginale de Nova, et les sauvages guerriers, habitués aux viols dans les villes qu'on venait de prendre, devaient se représenter leur entrée dans le château de Cabardez comme l'entrée d'un paradis de plaisir charnel. Mais ce paradis de pierre qui dominait dans les rochers et les arbres, demeura clos derrière les herses et les ponts-levis.

Les croisés furent obligés de lever le siège et de s'en revenir en longues colonnes vers les champs de Carcassonne n'ayant fait qu'entrevoir une robe blanche sur un rempart, un casque de cheveux parmi des casques d'acier, laissant derrière eux les trois jeunes femmes inviolées, comme le symbole de la pure beauté de l'esprit qui, pour l'homme grossier, demeure éternellement inaccessible.

Le comte de Toulouse avait en vain supplié le roi de France, le roi d'Angleterre, l'empereur d'Allemagne et il était allé en vain se prosterner en pleurant aux pieds du pape. Il avait pris dans la compagnie des femmes une étonnante facilité à pleurer et à tomber à genoux. Il comprit enfin qu'aucune bassesse ne le sauverait. L'hérésie n'était qu'un prétexte, c'était à ses terres et à ses villes qu'on en voulait. Il se décida enfin à la résistance. Il était trop tard. Ses barons étaient décimés. Il avait lui-même livré à Montfort les meilleurs de ses partisans. À Toulouse, l'évêque Foulque avait fait mourir dix mille personnes accusées d'hérésie. C'était un ancien troubadour, un aventurier sans croyance, qui avait trouvé sage en vieillissant d'embrasser la carrière où l'on s'enrichissait le plus vite. Il était tellement dévoré par l'envie qu'on disait qu'il jalousait même le Christ quand il le voyait sur un autel trop chargé d'or. Il sortit de Toulouse en excommuniant pour la dixième fois en quelques années, la ville, son comte, ses capitouls et son peuple.

Toulouse ne fut pas prise par Simon de Montfort grâce à l'héroïsme de ses habitants. Deux fois les armées des croisés se brisèrent devant ses remparts « O Toulouse ! O nid d'hérétiques ! Ô tabernacle de voleurs ! » s'écrie Pierre de Vaux de Cernay, indigné de cette résistance d'une ville qui ne veut pas mourir. Mais les croisés quittèrent la ville imprenable pour aller ravager Albi et le Quercy, le Lauragais et le comté de Foix. Le temps passait. Des renforts arrivaient toujours du Nord. Une fois, c'était dix mille pèlerins armés d'Allemagne, une autre fois c'était le comte de Bar et ses troupes aguerries. D'Hautpoul dans la Montagne Noire, à Lavenalet, dans l'Ariège, Simon de Montfort, inlassable, cheminait, suivi d'un cortège d'évêques et de prélats, détruisant avec amour, avec patience, avec méthode, comme s'ils obéissaient à un mystérieux idéal de mort.

Une grande partie se joue à Muret où le roi d'Aragon est venu avec une immense armée défendre le comte de Toulouse. Le Midi se réveille et espère. Le roi d'Aragon est un grand capitaine et la victoire semble assurée. Mais Montfort gagne encore. Il est protégé par le dieu des armées. Il gagne toujours la partie matérielle, car il est l'homme de la matière qui dans ce temps et dans ce pays doit vaincre l'esprit.

Enfin, sous les murs de Toulouse qu'il assiège à nouveau et où on a armé les vieillards, les femmes et même les enfants, l'invincible tombe. Une pierre lancée par un mangonneau que manie une jeune fille fait voler en éclats le crâne du soldat de fer, de l'homme sans pitié. On ne sait pas le nom de la jeune fille. Un tableau la représente dans une salle du Capitole de Toulouse lançant la pierre libératrice. On ne voit pas son visage que le destin a voulu garder anonyme. Mais on sent dans l'élan du bras et du cou, la gerbe des tresses tordues, le mouvement du buste, les qualités de courage, de mysticité et d'indépendance de la race méridionale si injustement écrasée au treizième siècle.

Le corps de Simon de Montfort fut pieusement ramené par son fils et par son frère à travers le Toulousain et l'Albigeois, la Montagne Noire et le Quercy. D'abbaye en abbaye, d'église en église, le cortège funèbre chemina à travers les villes silencieuses, sur les routes où les paysans fuyaient en reconnaissant la bannière aux armes maudites. Parfois dans un défilé une pierre lancée d'une hauteur tombait sur le cercueil comme le témoignage de la malédiction populaire. Le soir, dans les monastères où le mort était accueilli, on allumait des cierges et l'on chantait des chants funèbres. Mais tout autour, dans les maisons, on éteignait les lumières. Enfin, Simon de Montfort sortit de la Terre dont il avait été le fléau.

Le terrible paladin du pape fut ramené à Montfort l'Amaury, dans le cloître des Hautes bruyères, et l'on sculpta sur son sarcophage le lion symbolique, la bête qui rampe et qui dévore, avec cette inscription : « Martyr très glorieux de Jésus-Christ ».

Six siècles après seulement, la Révolution brisa le sarcophage et le lion sculpté pour que le vent pût emporter sa poussière jusqu'aux Pyrénées.

LES DEUX ESCLARMONDE

Les mouvements de l'esprit s'incarnent presque toujours dans la beauté d'une femme qui en devient la vivante statue. L'héroïne du Midi, la symbolique châtelaine de la montagne pyrénéenne où se réfugièrent et moururent les derniers Cathares, s'appelle Esclarmonde. Et comme la résistance fut longue et s'étagea sur un siècle, comme la mort fut lente, il y eut deux Esclarmonde. Il y eut Esclarmonde de Foix, la chaste, celle des châteaux qui devint une sorte de papesse du Catharisme et Esclarmonde d'Alion la bâtarde, l'amoureuse, celle des forêts, de la montagne du Capsir, qui fut errante avec les Albigeois traqués, combattit comme un homme, aima comme une femme et mourut avec ceux qu'elle aimait.

Esclarmonde de Foix avait, dès son adolescence fait don d'elle-même à la pureté Cathare. Elle avait juré de se consacrer à l'esprit. Cela datait de sa douzième année. Dans le château de son père, Roger Bernard de Foix, elle avait vu le bulgare Nicetas qui errait à travers le Midi pour apporter l'enseignement de l'Orient. Elle n'avait pas eu la possibilité de l'entendre. Il ne lui avait jeté qu'un seul regard et en l'apercevant il avait fait un léger signe avec la main. Avait-il reconnu, dans l'enfant silencieuse, celle qui était faite pour comprendre et défendre la vérité ? Esclarmonde devait vivre avec cette flamme du regard de l'envoyé Nicetas.

Mais avant d'être l'apôtre, l'organisatrice et l'âme du Catharisme, un long martyr lui était réservé. Son père se servait de ses filles comme d'un moyen commercial pour agrandir sa maison seigneuriale. Il donna Esclarmonde à Jordan, vicomte de Gimoez, brutal guerrier qui se riait du mysticisme nouveau et s'empara de la platonique adolescente pour qu'après ses chasses et ses courses à cheval elle fut l'instrument obéissant de ses plaisirs. Esclarmonde subit le viol quotidien que sanctifie pour les hommes le sacrement du mariage et ce ne fut qu'à la mort de son mari qu'elle commença un apostolat qui devait durer trente années. Elle se convertit au Catharisme d'une façon éclatante afin de donner un exemple au peuple. Elle ligua tous les seigneurs des Pyrénées contre l'autorité des pontifes romains et la tyrannie locale des abbayes. Elle parla, elle appliqua la religion de l'Esprit, elle devint la docte Esclarmonde.

La légende s'empara d'elle et ceux qui ne la connurent pas la créèrent avec la richesse de l'âme, car il faut qu'un haut idéal prenne un corps physique, devienne vivant et agissant parmi les hommes. Les Albigeois martyrs d'Avignonnet, de Lavaur ou de Pamiers, quand ils montaient sur le bûcher et qu'ils sentaient les flammes lécher leurs pieds étaient heureux de penser qu'il y avait quelque part, dans une lointaine forteresse des Pyrénées, sur la tour de Montségur, au milieu des nuages, une belle châtelaine vêtue de blanc, qui levait les bras vers le soleil et en qui s'incarnait la parfaite pureté de leur foi.

Entrevoyant l'avenir et la défaite du Midi, la sage Esclarmonde avait fait bâtir comme dernier asile, comme refuge suprême des Cathares en fuite, entre Lavelanet et Quillan, au-dessus des vallées de pierre, au-dessus des torrents d'argent et des montagnes de sapins, l'imprenable château de Montségur. C'est vers Montségur que marchèrent de nuit, à travers des sentiers détournés tous ceux qui ne voulurent pas renier leur foi, tous ceux qui échappèrent aux massacres des pieux soldats de l'Église, à la dénonciation des moines, aux prisons souterraines de l'Inquisition.

Car la pierre de justice qui avait brisé le crâne de Montfort n'avait que pour quelque temps, rendu Toulouse à ses capitouls et à son seigneur. Le temps de la liberté municipale des cités du Midi était révolu. Les rois de France volèrent le Languedoc aux comtes de Toulouse ; les évêques du pape rentrèrent sur leurs chevaux caparaçonnés, avec leurs cortèges de prélats romains, dans leurs évêchés fortifiés. Le tribunal de l'inquisition créé tout exprès pour découvrir l'hérésie cachée et composé des impitoyables dominicains, se mit à fonctionner dans toutes les villes.

L'histoire devient incroyable tant elle est terrible et l'on ne peut s'expliquer l'oubli dans lequel elle est tombée. Les grands seigneurs épouvantés sont revenus au catholicisme, à la religion qui ne pardonne pas la moindre parcelle de différence avec l'intangible dogme et eux-mêmes ils livrent à l'Eglise leurs sujets.

Le comte de Toulouse va se flageller à Notre-Dame pour montrer sa fidélité à l'Eglise et au roi. Mais ce n'est pas assez. Le cardinal de Saint-Ange, légat de Rome et amant de la Reine Blanche de Castille, le traîne derrière lui à Toulouse pour qu'il s'incline à ses pieds, dans une cérémonie d'humiliation, sur le parvis de la cathédrale toulousaine. Il emmenait en même temps une légion de professeurs afin de réorganiser l'université trop indépendante de la capitale du Languedoc et enseigner aux Toulousains le droit théocratique, la dure théologie romaine et l'aigre patois picard et beauceron que l'on parlait alors à Paris, en place de la claire langue des troubadours*. Ce n'était pas assez de prendre les champs de maïs, les vignes bleuâtres et les belles maisons d'architecture sarrasine, il fallait modifier les cerveaux de ces hommes rebelles, conformer leur pensée au bronze glacé de la pensée romaine.

À Toulouse, on fit tomber à coups de marteau les symboles profanes qui ornaient les façades des demeures et l'on dressa en face du château narbonnais sur l'emplacement de la maison qu'avait habité saint Dominique, le palais de l'Inquisition. Un figuier miraculeux qu'avait planté le saint redoublait par sa présence l'ardeur des Inquisiteurs ; le portail de ce palais subsiste encore. Sur son fronton, un sculpteur bucolique, sans doute venu d'Italie dans la suite des légats, traça dans la pierre de gracieux bouquets de lis et une colombe portant un rameau d'olivier.

Pour avoir mangé le fruit du figuier sanctifié, les Inquisiteurs de Toulouse font merveille. Les prisons qui existent sont insuffisantes et il faut entreprendre de grands travaux pour en construire à la hâte de nouvelles dans tous les quartiers. Sur la place du Peyrou et sur celle d'Arnaud Bernard il y a chaque jour des gibets dressés et comme les bourreaux sont ignorants et trop peu nombreux on en fait venir de Paris. Quelquefois un citoyen disparaît et nul ne le revoit plus. Il a été emmuré. On est emprisonné pour le moindre soupçon d'hérésie. Toutes les dénonciations, même celles qui ne s'appuient sur rien, sont accueillies comme véritables. Le clergé se sert de ce moyen pour confisquer les biens des plus riches citoyens. Il n'y a plus de sécurité dans aucune ville du Midi. La dénonciation se cache derrière toutes les portes. C'est le moment où l'on introduit la torture dans la procédure comme moyen légal pour obtenir les aveux. Cette innovation fait passer un souffle d'épouvante sur les hommes paisibles du Languedoc mais le résultat est extraordinaire. Les aveux se multiplient dans des proportions qui dépas-

* Napoléon Peyrat, *Histoire des Albigeois.*

sent l'espérance des juges. Tout le monde est hérétique. Il suffit d'avoir une seule fois dans la période des trente années qui précèdent, écouté un sermon, fait par un prêcheur Albigeois pour être arrêté et obligé, au besoin par la torture, de chercher au fond de sa mémoire les noms de ceux qui ont écouté avec vous le sermon trente années auparavant.

La lâcheté humaine multiplie les trahisons et les dénonciations. On voit un parfait Albigeois dénoncer tous ceux qui l'ont abrité pendant sa fuite entre Toulouse et Marseille et les étapes ont été nombreuses et les hôtes ont été accueillants et remplis d'amour. Des hommes traversent leur ville à genoux pour aller demander pardon devant la maison de l'Inquisition, d'une hérésie a laquelle ils n'ont jamais adhéré, afin d'en finir avec la terreur d'être soupçonnés. On peut soupçonner et juger les morts. On les déterre solennellement et les biens de leurs enfants et petits-enfants, même s'ils sont bons catholiques, sont confisqués parce qu'ils n'ont pas droit à ce qui a été acquis par un hérétique.

Le temps où flambent le plus de bûchers et où disparaissent le plus d'emmurés est celui où l'on célèbre à Paris le mariage de saint Louis, le modèle des rois. La terreur arrête les transactions commerciales, les mariages, les rapports d'amitié. À Albi et à Castelnaudary, des gens sont emprisonnés parce qu'ils sont trop pâles de visage et qu'on les soupçonne à cause de cela de pratiquer l'ascétisme Cathare dont la règle condamne le vin et les viandes. Certains, pour éviter ce soupçon ne sortent plus que maquillés et affectent l'ivrognerie.

Et comme les bourgeoisies des villes envoyaient en 1245 une plainte au pape, les évêques du Languedoc, pour contrebalancer l'effet de cette plainte ou par un féroce humour, se plaignirent à leur tour de l'extrême indulgence des Inquisiteurs dont la faiblesse, disaient-ils, aggravait l'hérésie.

Le désespoir s'empara des âmes. Pour ceux qui avaient conservé au fond de leur cœur la foi Albigeoise, il n'y avait plus rien à attendre des hommes. Il n'y avait désormais plus d'espérance qu'en Dieu. Mais Dieu allait trahir les plus purs et les plus désintéressés de ceux qui se tournaient vers lui.

MONTSÉGUR

Dans les nuages des monts de l'Ariège, comme une forteresse céleste, le château de Montségur, bâti avec soin par la sage Esclarmonde de Foix, demeurait imprenable aux armées du pape et du roi. Le trésor du Catharisme, ses évêques et ses parfaits s'y étaient réfugiés. Au loin, dans les montagnes, seigneurs et paysans demeurés fidèles à la pure doctrine, s'étaient constitués en bandes armées et vivaient errants avec la complicité des paysans. Les villages s'étaient ralliés par crainte au catholicisme mais chaque habitant savait dans le secret de son cœur que la vérité était là-haut, avec ses derniers fidèles, au fond des grottes, le long des torrents couleur d'émeraude, sur les pentes où commencent les neiges.

Deux générations étaient passées et le Catharisme résistait encore. Il s'accrochait dans les bourgs suspendus au-dessus des précipices, se cachait dans les profondes forêts, allumait la nuit des feux sur les hauteurs comme des lumières fraternelles qui répondaient aux feux des tours de Montségur. Il y eut des combats épiques dans les montagnes, des héroïsmes inconnus, des martyrs dont on ne saura jamais les noms. C'est le temps où la solitaire Saurimonde, la sibylle inspirée de la région de Mazamet, marche nue comme aux jours de la naissance du monde, parce que son âme est claire comme le soleil qu'elle invoque. C'est le temps où à Hautpoul, le haut pic, Guilhem d'Aïrons guérit les blessures des Cathares rien qu'en étendant sur eux sa main aux vertus magiques. C'est le temps où Guilhabert de Castres, le saint, se transporte avec une inexplicable vitesse pour donner le consolamentum, extrême-onction de la religion Cathare. Partout il apparaît quand un fidèle de la foi de l'esprit va mourir. Tantôt habillé en mendiant, tantôt en pèlerin, il se dresse au seuil des grottes, son pas résonne dans les rues des cités à l'heure des agonies, malgré les gardes inquisitoriales et les guetteurs aux portes des remparts. Lorsque les bûchers flambent, il suffit que le brûlé entrevoie, perdu dans la foule, un parfait faisant le signe mystérieux du salut pour qu'il meure sans souffrance et consolé. Car l'amour échangé de l'un à l'autre sauve l'âme et la projette dans son véritable séjour. Et l'insaisissable Guilhabert de Castres est toujours devant les bûchers pour faire le signe et donner l'amour.

Il périt très vieux et le plus grand miracle fut qu'il échappa lui-même au bûcher. La mort, qui n'était pour lui que le chemin qui mène à un état meilleur l'atteignit à Montségur et ses os furent couchés dans les cryptes si profondes qu'on ne put jamais en découvrir les issues et que les Inquisiteurs ne purent les déterrer pour jeter au vent les cendres hérétiques.

Auprès de lui reposa Esclarmonde de Foix. Elle était devenue une fée légendaire, une papesse aux cheveux d'argent. Sa figure avait autant de rides que le Catharisme avait de martyrs. Son corps semblait incorruptible tant il était desséché. Elle ressemblait à la sagesse divine qui ne traverse l'enveloppe humaine que pour se purifier et s'élever dans l'échelle des sagesses divines.

C'est alors qu'apparaît la seconde Esclarmonde, nièce de la première, Esclarmonde d'Alion la bâtarde. Elle était fille de Roger Ramon. Un soir ce Roger Ramon qui était un hardi chasseur, se perdit dans les vallées ariégeoises en poursuivant un loup énorme. Il atteignit le loup, lui coupa la tête et comme il cherchait un gîte pour la nuit, il aperçut la porte d'une abbaye de femmes, cachée dans les figuiers, les myrtes et les vignes sauvages. Il cloua la tête du loup sur la porte, entra, soupa et comme l'abbesse était jeune noble et belle, il passa la nuit auprès d'elle. Au matin, il repartit. L'abbesse mit au monde deux jumeaux, Loup de Foix, ainsi nommé à cause de l'exploit de son père le soir de sa conception et Esclarmonde qui devait devenir aux côtés de son frère l'héroïne des derniers Albigeois.

Autour de Montségur, à So, à Tarascon, à Lavelanet, s'est groupé le suprême effort de la résistance. Esclarmonde a vingt ans. Son père avant de mourir, l'a mariée à Bernard d'Alion, seigneur d'une petite principauté pyrénéenne. Elle fait de son château le refuge de Cathares et elle ordonne de lever les ponts-levis lorsque passent les troupes royales.

Son frère, Loup, commande les insurgés dans les montagnes, elle va le rejoindre à cheval, revêtue d'une armure d'homme. Elle lutte dans les défilés ; elle ravitaille Montségur assiégé ; elle allume les signaux nocturnes qui font communiquer entre eux les groupes Albigeois ; avec les bergers elle pousse les rochers qui vont, au fond des gorges, écraser les soldats du roi. Plus d'un chevalier rêve, le soir, de cette figure ardente de jeune femme, de ses yeux couleur de torrent et, comme elle est débordante de passion, elle se donne à plus d'un, à l'ombre des sapins au milieu des fougères pyrénéennes, près de son cheval, près de son épée.

Montségur appuyé sur ses escarpements trapus, au-dessus de ses étages de granit, avec ses galeries qui débouchent dans les précipices et ses réserves souterraines, Montségur qui cache dans ses murailles les sépulcres de ses saints, dont les tours sont hérissées des lances de ses défenseurs.

Montségur tient contre le roi, contre le pape, contre la malédiction du monde chrétien.

Ramon de Perella y commande. Les barons chassés de leurs demeures féodales, les Lantar, les Belissen, les Caraman y sont venus avec leurs hommes d'armes. Le blé y a été entassé pour des années, à côté des étables pour les chevaux, et des cellules où prient les ermites. Des corridors s'y enfoncent dans la terre et des escaliers en spirale percent l'immense roche fortifiée. Comme à Toulouse, les femmes s'exercent à la défense, car Montségur est le dernier refuge de la religion des parfaits.

Une nouvelle croisade a été décidée et une armée sous les ordres du sénéchal de Carcassonne et des évêques d'Albi et de Narbonne, cerne tous les défilés, bloque toutes les vallées ariégeoises. On a fait venir des machines de guerre d'une force étonnante pour battre les tours. Chaque jour arrivent des renforts. Lavelanet est devenu un camp pour les chariots et Tarascon abrite les balistes de rechange. Et le siège dure deux années avec des combats quotidiens.

Des secours viennent aussi aux assiégés, car le comte de Toulouse et le comte de Foix, terrorisés par l'Eglise, protègent secrètement les Albigeois. Une fois, c'est le fils du poète Pierre Vidal, poète lui-même, qui parvient à forcer les lignes et à se jeter dans Montségur pour annoncer une heureuse nouvelle. Il a croisé de nuit, sur une route, un paladin fantôme à cheval avec un manteau de pourpre et des gants de saphir ce qui est un présage certain de la victoire des croyants. À peine a-t-il apporté l'espoir qu'il meurt en combattant.

Une autre fois, c'est Esclarmonde qui se jette dans la place avec une petite troupe d'hommes d'armes. Elle en ressort bientôt se chargeant d'emmener quelques évêques Cathares.

Mais les héros tombent un à un. Ils ne sont plus que quelques centaines. Du fond de la gorge de l'Ers ou de la combe de l'Abès, l'armée royale peut compter sur les hautes barbacanes de pierre, leurs armures brisées qui étincellent encore et qui sont mêlées aux robes blanches des parfaits. On leur a dit d'attendre. Un grand mouvement se préparait. Le Midi allait se soulever. Le comte de Toulouse, allait cesser de se flageller et de baiser les pieds du pape. Ses armées avançaient vers Montségur. « Sept jours encore ! » leur disaient les messagers. Et ils murmuraient sur leurs tours : « Palombelles blanches, ne voyez-vous pas venir au loin l'Ost de Toulouse ? »

L'Ost de Toulouse ne vint jamais. Poussé par un pressentiment, Ramon de Percha avait fait fuir de nuit le trésor Cathare, avec quelques hommes pour le conduire et le cacher dans la grotte d'Ornolhac.

Des bergers trahirent Montségur et révélèrent l'étroit sentier par où avait fui le trésor. Les soldats du sénéchal de Carcassonne pénétrèrent, à la faveur de l'obscurité dans la tour de l'Ers et forcèrent les poternes. Le massacre général ne fut arrêté que par la promesse de la reddition, le lendemain matin.

Les Albigeois héroïques eurent une nuit pour se dire adieu et quand le soleil parut sur les monts de Belestar, ils se livrèrent au pouvoir des évêques catholiques. Seul Pierre-Roger de Mirepoix qui commandait les combattants obtint de sortir avec ses armes et ses soldats.

Tous les autres furent enchaînés par le cou et conduits sur une vaste plate-forme qui dominait l'Ers. On dressa avec les chênes et les hêtres de la forêt un formidable bûcher. L'évêque d'Albi, par bonté d'âme, promit la prison éternelle à ceux qui abjureraient. Nul n'accepta. Prêtres et soldats entonnèrent des cantiques et précipitèrent dans les flammes les trois cents parfaits de Montségur.

La flamme monta si rouge dans le ciel, la fumée monta si haute et si droite que les hommes du Toulousain, du Lauragais et de l'Albigeois qui regardaient du côté de l'Ariège avec un cœur anxieux surent par ce signe enflammé de la mort que leurs frères héroïques avaient péri et que la dernière espérance du Midi était éteinte.

Le château de Montségur fut détruit. Au-dessus de ses pierres calcinées, il n'y eut que le nom d'Esclarmonde qui survécut dans l'âme populaire et dans la légende. Esclarmonde de Foix la chaste et Esclarmonde d'Alion l'amoureuse se confondirent en une seule créature qui fut Esclarmonde de Montségur. Longtemps les gens des villages prétendirent la voir errer parmi les brumes nuageuses qui montent, le soir, des bords escarpés de l'Ers. Après six siècles, elle se tient encore sur les vestiges de la tour qui fait face au Nord. Elle s'y tiendra toujours. On voit sa main au-dessus des nuages. Elle fait signe que là elle est venue et qu'aucune tyrannie ecclésiastique, aucune colère dogmatique ne pourra la faire repartir. Car où l'esprit a soufflé, il demeure. Esclarmonde est venue au milieu des montagnes pyrénéennes affirmer que l'homme doit tendre vers la perfection spirituelle et que pour enseigner le chemin qui y mène, on peut donner joyeusement sa vie.

LA GROTTE D'ORNOLHAC

Dans le pays de Sabartez, à l'endroit où expirent les forêts de Sarrelongue, il y avait une caverne célèbre pour sa profondeur et ses labyrinthes souterrains. Elle s'ouvrait à mi-hauteur de la montagne, au-dessus des escarpements qui dominent l'Ariège, à l'endroit où, dans les eaux glacées de cette rivière, tombent les sources d'Ussat. Les druides y avaient célébré leurs mystères. Les Sarrasins s'y étaient arrêtés pour y dormir. Les Albigeois devaient y dormir à leur tour.

Ceux qui subsistaient étaient traqués dans les montagnes comme des bêtes sauvages. De même qu'il y eut plus tard des lieutenants de louveterie, il y eut des officiers préposés à la poursuite des Cathares et qui disposaient de meutes de chiens dressés à les découvrir. Les fugitifs vivaient au milieu des broussailles de la plaine ou parmi les pierres des hauteurs. Ils habitaient des huttes qu'il fallait quitter à la hâte, lorsque les chasseurs étaient annoncés. Ils vivaient parfois dans les arbres comme les singes.

Un grand nombre de ces errants et de ces maudits refluèrent vers la grotte d'Ornolhac où l'on savait qu'était caché le trésor Cathare. Il s'y constitua un nouveau centre, un nouveau Montségur.

Mais celui-là était aussi profondément caché sous la terre que l'autre avait été resplendissant dans le ciel.

L'inlassable Inquisition ne pouvait laisser en paix dans son ombre ce refuge de misérables. D'accord avec le seigneur de Castelverdun auquel appartenait le territoire, elle envoya des troupes commandées par le sénéchal de Toulouse.

La légende dit qu'au moment où ces troupes avançaient, soit par pur héroïsme, soit pour partager le destin d'un jeune homme qu'elle aimait, Esclarmonde d'Alion courut à cheval le long de l'Ariège et arrivée au sentier abrupt qui mène à la grotte, elle abandonna sa monture, gravit à pied les lacets de pierre et alla rejoindre ceux de sa foi.

La grotte avait deux entrées qu'on cerna mais les Albigeois se hissèrent par des échelles qu'ils retirèrent jusqu'à une grotte plus profonde et plus inaccessible dans la terre. Il sembla au sénéchal de Toulouse qu'on ne pouvait en tenter l'assaut. Il trouva plus sage et peut-être plus humain de changer pour les Albigeois les tortures et le bûcher en une mort silencieuse dans les ténèbres. Il fit solidement murer toutes les entrées de la caverne. Il campa quelque temps sur les bords de l'Ariège. Il attendit. Il écouta si quelque bruit ne lui parvenait pas de l'intérieur du granit et il quitta la montagne qui était devenue un tombeau.

Les Albigeois durent vivre encore assez longtemps dans les ténèbres, car ils avaient fait un grenier de la grotte. Plusieurs évêques et un grand nombre de parfaits étaient parmi eux. Les évêques, dans le silence de la nuit, durent prononcer les paroles qui annonçaient la grâce obtenue de la mort prochaine et de l'Esprit délivré. Ils durent étendre la main pour faire le geste invisible du consolamentum au-dessus des fronts prosternés. Et peut-être pour les Albigeois embrassés, pour les groupes qui se disaient adieu dans l'ombre, pour Esclarmonde même, serrée contre son amant de chair, une magnifique lumière fit-elle resplendir la voûte aux mille cristaux éteints, les suintements pétrifiés de la roche, les stalactites millénaires. Peut-être par le miracle de l'amour qui les unissait si étroitement, furent-ils projetés ensemble, comme il est enseigné dans leur religion, vers le séjour où la matière n'a plus de poids, l'eau de fluidité, le feu de chaleur et où l'on jouit de la béatitude d'aimer sans fin.

La montagne Ariégeoise a gardé le secret de la messe sans flambeaux, de la mort sans fosse et sans suaire. Le livre de Nicetas conservé dans le trésor, le baiser des amants, le geste de bénédiction des évêques ont dû se minéraliser, se momifier par l'absence d'air. Les derniers Albigeois, immobiles, revêtus de pierre, célèbrent encore leur suprême cérémonie au milieu des fougères glacées, des micas morts, dans une basilique de ténèbres.

LA DOCTRINE DE L'ESPRIT

Quel est donc le poison spirituel, la mortelle erreur des âmes contre laquelle s'est soulevé l'Occident indigné et qui fit couler tant de sang ? Les livres où les vérités antiques étaient énoncées, où la tradition de l'esprit avait sa base écrite furent soigneusement détruits jusqu'aux derniers feuillets et nous ne pouvons retrouver la pensée Cathare que dans les réfutations amères, pleines d'imprécations et de menaces, des religieux du temps.

Le mystérieux Nicetas, avant de repartir pour l'Orient, de disparaître du monde où il avait apporté la parole, passe pour avoir laissé un monument écrit de sa doctrine. Le manuscrit en dut être conservé avec le trésor Cathare, dans le château de Montségur et il doit maintenant reposer sous la terre, dans la grotte d'Ornolhac, serré entre les ossements d'un gardien fidèle.

Un certain Ramon Fort de Caraman avait en sa possession à la fin du XIIIe siècle un des livres sacrés des Albigeois. Sentant sa vie peu sûre à cause de la possession de ce livre, il le confia au seigneur de Cambiac. L'épouse de ce seigneur était à la fois bonne chrétienne et animée du goût de la trahison. Elle courut prévenir les Inquisiteurs, mais quand ils vinrent, le livre avait disparu. La torture fit savoir qu'il était entre les mains d'un certain Guilhem Viguier. On alla chez lui pour l'arrêter. On le trouva mort, par suicide, semblait-il. Qu'était devenu le livre ? Il échappa à la fureur de l'Inquisition. Aucun de ceux qui l'avaient gardé avec amour et préservé de la destruction n'était Albigeois. Il n'y avait plus alors d'Albigeois. La puissance rayonnante de la doctrine avait dégagé des feuillets du parchemin la force vivace qui permit au livre de subsister engendrant la fidélité dans le cœur de ceux qui le possédaient, mais qui ne pouvaient plus le comprendre. Longtemps il dut être conservé dans les archives d'un château noirci par les vieux sièges du temps de la foi. Mais où est à présent le livre de Ramon Fort ?

Presque tous les auteurs qui ont étudié la doctrine des Albigeois ont affirmé avec la puissante autorité que donne le parti pris chrétien et l'ignorance qui rend invulnérable, que les Albigeois étaient, soit des manichéens, soit des hérésiarques catholiques, comme la religion du Christ en engendra tant. Ils se sont trompés.

L'Église romaine en emprisonnant, en brûlant et en extirpant, était logique à son point de vue. L'histoire montre qu'elle a voué à la destruction tout ce qui n'était pas d'accord avec son intangible dogme. Avec les Albigeois, elle était en présence d'un rameau occidental de l'arbre asiatique, de la fleur des Vedas millénaires, de la pure vérité de l'Orient. La croyance Albigeoise qui après s'être répandue dans le Midi de la France aurait pu étendre sa tolérance et sa pureté à tout l'Occident et qui devait expirer sous les arbres pyrénéens était née sous le figuier de Kapilavastu où le Bouddha prêcha sa réforme.

Les Albigeois furent des Bouddhistes occidentaux qui imprégnèrent la doctrine orientale d'un mélange de christianisme gnostique. Comment les paroles du sage de l'Inde purent-elles voler à travers les continents et tomber dans les âmes des hommes du Languedoc, on ne le sait pas et d'ailleurs il importe peu. La pensée est d'une fluidité si grande que nous ne sommes pas sûrs qu'elle n'agisse pas, même sans moyen d'expression, par le seul fait qu'elle a été pensée, en vertu d'une qualité subtile qui nous échappe. Le Bouddhisme traversa le monde et il se mua en ce qui fut le Catharisme chez le peuple d'oc plus mystique alors que sensuel. Il est probable qu'après le grand élan vers l'esprit, la persécution et le malheur changèrent la race, la firent rétrograder et la ramenèrent au matérialisme des Méridionaux d'aujourd'hui.

Pour les Albigeois, l'origine de Dieu est inconnaissable. De même chez les Hindous, Brahma, la cause des causes, est enveloppé d'un sextuple voile et demeure fermé à la conception humaine. À un moment donné du temps, les âmes des hommes, en vertu d'une loi de désir que les chrétiens appellent le péché originel, se sont détachées de la matrice céleste, de l'esprit sans fin et se sont incarnées dans la matière pour en jouir et pour en souffrir. Elles ont commencé une course qui, après les avoir amenées au point le plus bas de la matérialisation, doit les faire remonter d'échelle en échelle, à travers les hiérarchies organisées des êtres, vers la source première, l'esprit divin d'où elles se sont détachées.

Cette dernière partie de la course, ce retour au divin, s'opère par des réincarnations successives dans des corps humains imparfaits. Ce sont nos œuvres dans chaque vie, notre capacité de détachement qui nous font nous élever plus ou moins vite. Plus nous avons de désirs, plus nous nous laissons aller a nos passions, plus nous aimons ce qui est matériel et plus nous retardons notre arrivée dans le royaume de l'Esprit. C'est en vertu d'une illusion que nous plaçons le bonheur dans la satisfaction de nos sens. Tout plaisir des sens est limité à une contrepartie de douleur. Chaque jouissance physique est comparable au pas en arrière que ferait un voyageur tournant le dos à son but. Le but est le retour à l'esprit où l'on jouit d'une béatitude sans fin. C'est ce que les Hindous appellent le Nirvana, qui n'est pas comme les ignorants le prétendent, l'annihilation de la conscience, mais la participation à la conscience universelle, même quelque chose de plus subtil et d'inexprimable, une sorte d'état permanent d'amour que peut à peine caractériser le mot divin. Le moyen pour y parvenir est l'arrachement de soi-même à l'illusoire prison de notre corps, productrice de plaisirs apparents.

La sagesse Albigeoise, comme la sagesse Bouddhiste donne une méthode pour anéantir le désir de la vie, échapper à la loi de la réincarnation, rentrer en une seule existence dans l'unité de l'Esprit. C'est une méthode de renonciation comme celle que prescrivit le Bouddha.

Il y avait plusieurs degrés dans la secte. Ceux qui y adhéraient simplement, reconnaissant la vérité des principes énoncés, les défendant selon leurs moyens, mais continuant cependant à mener la vie du monde, étaient les croyants. Ils correspondaient à ceux qui suivaient « la voie moyenne » recommandée par le Bouddha aux hommes ordinaires, à la majorité des hommes, à tous ceux qui n'étaient pas animés d'une volonté de délivrance immédiate. Au-dessus d'eux étaient les parfaits. Ceux-là avaient sacrifié la vie de leur corps pour celle de leur esprit. Ils avaient renoncé à la magnificence du costume, à la propriété des biens, aux joies de la nourriture et même aux joies de la possession des femmes. Ces parfaits pouvaient transmettre au moyen du consolamentum, du signe de la pureté fait aux mourants l'aide invisible qui permettait d'échapper à la chaîne des renaissances et ouvrait l'accès du royaume spirituel. Le consolamentum n'était qu'un symbole extérieur. Les parfaits Albigeois étaient héritiers d'un secret perdu, d'un secret venu de l'Orient, connu des gnostiques et des premiers chrétiens. Ce secret avait pour base la transmission d'une force d'amour. Le geste du rite était le moyen matériel et visible pour projeter la force. Derrière lui se cachait le don de l'âme, par lequel l'âme était aidée, pouvait traverser sans souffrance le portique étroit de la mort, échapper à l'ombre et s'identifier avec la lumière.

Jamais aucun peuple, dans aucun temps ne fut aussi versé dans les rites magiques qui concernent la mort. Le consolamentum devait avoir une puissance insoupçonnable pour nous, puissance certaine et prouvée pour les vivants, car il ne se serait pas sans cela propagé avec cette vitesse, il ne serait pas devenu aussi populaire. L'illumination de ceux qui mouraient devait être visible pour les assistants. Et ils avaient pour l'entraide en mourant des procédés dont la science est à jamais perdue.

On a retrouvé dans la montagne noire, non loin de Carcassonne, une crypte datant de l'époque Albigeoise, pleine de squelettes. « Ils étaient couchés circulairement, les têtes au centre, les pieds à la circonférence, comme les rayons d'une roue parfaite* ». Ceux qui ont étudié la magie retrouveront dans cette posture pour la mort un rite très ancien servant à faciliter la sortie de l'âme et à lui faire traverser les mondes intermédiaires grâce à l'élan que donne l'union.

La conséquence de la philosophie Albigeoise est que la vie est mauvaise et qu'il convient d'échapper à la forme dont elle nous enserre. Le

* Napoléon Peyrat, *Histoire des Albigeois.*

principe de la création, le dieu créateur, est par conséquent mauvais puisqu'il a engendré la forme, cause du mal. C'est Jéhovah de l'Ancien Testament, l'irascible, l'exterminateur, celui qui se plaît à châtier et à se venger. Les Albigeois voient dans ce Dieu terrible la puissance rétrograde de la matière. Jésus-Christ, symbole du Verbe est venu enseigner aux hommes le moyen d'échapper à ce Dieu et de retourner vers la patrie céleste. Quelques-uns prétendaient que Jésus n'avait pas eu d'existence terrestre, qu'il n'était venu parmi les hommes que revêtu d'un corps spirituel et que les miracles racontés dans le Nouveau Testament avaient un caractère symbolique et ne s'étaient réalisés que sur le plan de l'esprit. Les aveugles n'avaient été guéris que d'une cécité spirituelle parce qu'ils étaient aveuglés par le péché. Le tombeau d'où Lazare était remonté était le séjour ténébreux où l'homme s'enferme volontairement.

Le véritable culte des Albigeois était celui du Saint-Esprit, du Paraclet divin, c'est-à-dire du principe qui permet à l'esprit humain d'atteindre le monde vraiment réel dont le nôtre n'est que l'envers ou la caricature, le monde invisible, le monde de la pure lumière, « la cité permanente et inaltérable. »

Ce qui pouvait découler de cette croyance avait des effets qui, malgré leur logique rigoureuse, paraissaient monstrueux aux hommes du XIIe siècle, comme ils paraîtraient monstrueux aux hommes du XXe siècle. Le suicide, pour échapper aux maux de la vie qu'aggravaient encore les persécutions, était sinon recommandé du moins permis.

Les Albigeois se donnaient volontiers la mort en s'ouvrant les veines, comme les anciens romains. Mais il était prescrit de ne terminer ainsi sa vie que si l'on avait atteint le calme absolu, l'indifférence complète, afin d'éviter dans l'au-delà les angoisses que comporte une mort obtenue dans l'angoisse. Les bourreaux de l'Inquisition trouvèrent souvent les parfaits Albigeois, exsangues dans leurs cachots et portant dans la pâleur de leur visage le reflet de la lumière éternelle vers laquelle ils s'élançaient.

Les femmes jouent parmi eux un rôle inattendu. Elles sont les égales des hommes car la loi de la réincarnation est indifférente aux sexes. La seule restriction à cette égalité est qu'elles ne sont pas admises à prêcher. Le mariage est haïssable et ses liens indissolubles ne sont pas reconnus. L'union de l'homme et de la femme ne doit avoir d'autre sanction que celle de leur réciproque amour. Cette union est du reste interdite aux parfaits qui ne doivent pas propager l'espèce humaine et perpétuer ainsi la douleur dans l'esclavage de la forme. Les simples croyants qui s'unissent entre eux par la chair ne doivent pas perdre de vue l'effort vers la libération finale.

On vit ainsi dans le Midi, les fils des plus nobles familles, épouser, sans rite d'aucune sorte, les prostituées les plus humbles, les filles des faubourgs toulousains ou biterrois, ou celles qui suivaient les armées, afin de les régénérer, de faire faire à leur âme un pas en avant sur le long chemin de la perfection, car cette aide fraternelle est la plus noble mission de l'homme sur la terre.

Ils professaient l'horreur du mensonge et ils poussaient aussi loin que les Hindous la défense de tuer un animal et de manger sa chair. Ils avaient pourtant l'injustice d'excepter les serpents de cette défense, car c'était une de leurs superstitions de croire que le mal s'incarnait volontiers dans les reptiles et que le corps de ces créatures ne pouvait sous aucun prétexte servir de corps passager à une âme condamnée à la pénitence dans une forme animale.

Mais ce qui excita la plus grande haine contre eux fut leur mépris des biens terrestres, leur exaltation de la pauvreté comme idéal. Ils ne reconnaissaient pas la propriété et aussi loin que l'on remonte dans l'histoire de l'homme, on voit que celui qui a renoncé à cet attachement essentiel et s'est dépouillé lui-même avec amour a été un objet d'exécration à cause du danger social qu'il représentait.

Ce fut à l'imitation des Albigeois que Dominique marcha nu pied par les routes et en mendiant, de façon à les combattre avec leurs propres armes, celles du désintéressement et de la pauvreté. Saint François et son ordre ne firent qu'imiter leur exemple. Mais l'ascétisme qui était permis à des moines respectueux de l'Eglise ne l'était plus s'il se généralisait chez un peuple indépendant dont la voix était assez haute pour crier son indignation contre la tyrannie romaine et la cupidité royale. L'on avait le droit de s'élever vers Dieu par la méditation et l'ascétisme si l'on était le membre obscur d'un monastère dont les autres membres prélevaient les dîmes, arrachaient les impôts, d'accord avec les seigneurs et avec le roi.

Mais si tout un peuple cessait de travailler et d'enfanter, ne reconnaissait plus l'autorité de ses maîtres, pour n'obéir qu'à une autorité intérieure, s'il s'avisait de converser directement avec Dieu en négligeant ses intermédiaires intéressés, il valait mieux détruire ce peuple. C'est ce qui fut fait.

La principale cause du grand massacre Albigeois, la cause cachée mais la vraie cause, fut que le secret des sanctuaires, l'antique enseignement des mystères si jalousement gardé dans tous les temples du monde, par toutes les confréries de prêtres, avait été révélé. Il y avait même plus. Il avait été révélé et il avait été compris. Ce qui arriva dans ce temps ne s'était jamais vu encore dans l'histoire de l'univers.

Pendant que les gardiens ecclésiastiques du secret balbutiaient le rituel latin de ses formules dont ils avaient perdu le sens au fond de leur cœur, le secret divin, par des messagers inconnus, avait été porté sur les routes du Languedoc, le long des claires eaux du Tarn et de l'Ariège. Les plus humbles hommes en avaient été éblouis, et ils avaient déposé l'épée, abandonné la charrue pour répondre à l'appel de Dieu.

Car l'univers qu'ils venaient d'entrevoir était mille fois plus beau que leur horizon de vignes ou leurs vallées couvertes de forêts.

Mais alors les maîtres des sentences, les gardiens infidèles, connurent que l'or des tabernacles allait s'éteindre, que le faste des autels allait se faner. Ils frémirent comme avaient frémi les brahmanes de l'Inde pour un danger moins grand, au moment de la réforme du Bouddha, comme les prêtres du feu en Perse, quand résonnèrent les paroles de Zoroastre.

Malheur à ceux qui s'emparent du secret et qui le divulguent! Les hiérarchies de prêtres grecques et romaines, appuyées par les républiques et par les empereurs punissaient aussi de la mort la divulgation des mystères. Jamais le mystère ne s'était autant dévoilé pour les hommes. Jamais la société organisée avec son édifice de prêtres, de seigneurs et de rois ne courut un aussi grand danger. Les esclaves se libéraient de leur servitude sans détruire la forteresse des maîtres, sans révolution et sans efforts, naturellement, par le simple jeu de leur pensée.

Le pape Innocent III et Philippe Auguste durent avoir la vague conscience que leur domination était compromise, que leur trône allait désormais reposer sur le néant. La masse opprimée des faibles échappait aux forts par une porte donnant sur l'au-delà et qu'avait ouverte on ne savait qui.

La guerre des Albigeois fut le plus grand tournant de l'histoire religieuse des hommes. Lorsque le laboureur comprend la vanité de labourer, lorsque le mendiant refuse l'aumône parce qu'il se trouve plus riche que celui qui la lui donne, lorsque la parole du prêtre devient pour tous vide de sens parce que chacun a en lui-même une consolation plus haute, alors l'organisation sociale s'écroule d'elle-même. La libération que faillit connaître l'humanité était bien plus grande que celle d'un peuple vaincu qui se débarrasse de son vainqueur. C'était la libération du mal lui-même, de la nature écrasante. Elle se communiqua avec la rapidité d'un feu parmi les pins, en été.

Mais ceux qui ont la haine de la lumière furent les plus forts. Non contents d'éteindre le feu divin, ils coururent après chaque brindille susceptible de donner chaleur et clarté, ils recouvrirent de cendres la moindre étincelle. Ils appelèrent à leur secours, leur vieille alliée l'amie de l'Ombre, l'invincible ignorance. Ils ne laissèrent pas subsister un fragment d'enseignement, un feuillet de livre, une inscription sur une muraille.

Aucune trace ne devait subsister de la vérité Albigeoise. Six siècles après, quand on s'est flatté de tout connaître et de tout apprendre, l'histoire a pu passer à côté de cette lumière sans la rallumer. La guerre des Albigeois n'est que le récit de la naissance et de la mort d'une hérésie, un chapitre ajouté à l'histoire de l'unité française.

Le secret sublime du consolamentum qui permet à l'homme de mourir dans l'allégresse parce qu'il s'identifie par l'illumination de l'amour avec son Dieu intérieur est a jamais perdu. Aucune colline du Lauragais, aucune montagne pyrénéenne n'en a gardé la trace sur sa pierre. D'ailleurs l'ignorance a tellement obscurci les âmes que personne ne songe à le rechercher, personne ne croit même à la possibilité de son existence.

L'AUBÉPINE DE FERROCAS

Napoléon Peyrat raconte dans son « Histoire des Albigeois » qu'en allant visiter le village de bergers qui s'appelle Montségur et qui est situé aux pieds des ruines du château, il fut frappé par la vue d'une tombe, au bord du chemin, à droite et que surmontait une croix de fer, sans ornements. Ayant interrogé le guide qui le conduisait, celui-ci lui répondit que c'était la tombe d'un certain Ferrocas, enterré là quelques années auparavant.

Ce Ferrocas, que le guide avait connu était un vieux paysan solitaire, une sorte de philosophe campagnard, qui, de sa vie, n'avait jamais voulu aller à la messe. Le curé le lui avait reproché avec véhémence et même il l'avait publiquement dénoncé du haut de sa chaire. Ferrocas prétendait être le seul à pratiquer la véritable religion qui n'était pas celle des églises. Il disait familièrement qu'il portait le Christ en lui-même, qu'il le découvrait un peu plus chaque jour et qu'il n'arriverait à le trouver complètement que bien plus tard, dans une vie suivante, paroles incompréhensibles pour ceux qui l'écoutaient et le faisaient passer pour fou. À sa mort le curé, un brave homme pourtant, résolut de faire un exemple et il défendit qu'on portât le corps de Ferrocas dans le cimetière. Les habitants de Montségur creusèrent pour le vieux philosophe, un trou au bord de la route, comme pour un chien. Toutefois, ils choisirent l'emplacement de la tombe sous une grande aubépine blanche. La grâce équitable de la nature voulut que l'aubépine fleurisse intensément et s'épanouit en une voûte de fleurs. Le curé mourut à son tour, mais son successeur à qui on raconta l'histoire de l'impie et qui passait chaque jour devant son monument de fleurs, fit raser l'aubépine et fit planter à sa place la rude croix que vit Napoléon Peyrat.

Ce fut vers 1860 que cet historien, passionné du Midi, visita Montségur et vit la croix de Ferrocas.

Ferrocas était sans doute le dernier Albigeois, un Albigeois qui devait porter à demi consciemment en lui les restes de la doctrine pour laquelle étaient morts ses pères. Mais il était écrit que, jusqu'au dernier les purs de la France du Sud seraient persécutés dans leur foi. C'est à cause de la liberté du siècle que les ossements de Ferrocas ne furent pas déterrés et dispersés. On lui arracha son aubépine blanche. Il doit encore subir sur sa dépouille mortelle le poids de cette croix au nom de laquelle on l'a fait souffrir et mourir jadis.

Pauvre Ferrocas de l'Ariège ! Son sort est celui de tous les hommes du Midi. Lorsque le grand mouvement Albigeois fut éteint les petits-fils et les arrières petits-fils des hérétiques étaient obligés de porter sur leurs vêtements, par devant et par derrière une croix jaune d'un pied de long afin qu'on sût leur hérésie et que la malédiction fut perpétuée sur eux. Les emplois civils et le droit de faire du commerce leur étaient refusés. Sous le nom de cagots, ils étaient dans les villages des montagnes, assimilés aux lépreux. Comme eux, ils avaient une rue ou un quartier spécial dans chaque ville, ils ne pouvaient entrer à l'église que par une porte basse, dans une chapelle réservée, parce que les pierres que touchaient leurs pieds demeuraient souillées.

Maintenant les descendants des Albigeois n'ont plus les mêmes traitements que les lépreux et aucune croix jaune ne s'étale sur leur poitrine. C'est parce qu'ils sont devenus pareils à la commune humanité. Mais ils portent tous un signe plus redoutable que la croix jaune, c'est celui de l'ignorance. Ils ont oublié. Ils ne savent pas. Ils se sont désolidarisés des maux de leurs pères. Ils apprennent vaguement l'histoire de France, mais ils ignorent l'histoire de leur pays. Quand résonne à Albi la cloche de la Tour de San Salvi, elle ne réveille aucun écho. Nul ne dénombre les morts du Précomtal, près de Toulouse. Portant sous le bras leur Baedeker muet, quand les étrangers qui cheminent sur les remparts de Carcassonne demandent quelle poussière se soulève au fond de l'horizon, il ne leur est pas répondu que c'est le fantôme de l'armée de Montfort.

Moi-même, lorsque j'avais vingt ans, venant de Toulouse ma patrie, j'ai descendu sans émotion les pentes du Castellar de Pamiers où avait vécu Esclarmonde de Foix ; j'ai vu Mirepoix et Lavelanet ; j'ai marché sur les routes où avait henni le cheval d'Esclarmonde d'Alion, sans connaître l'épopée qui s'était déroulée dans ces lieux. Je ne savais des Albigeois que ce qu'on peut en apprendre au lycée, c'est-à-dire à peine le nom, la gloire de Simon de Montfort et la défaite de Toulouse. Je me suis avancé entre le pic de Bidorte et la forêt de Belestar, parmi les châtaigniers et les fougères, au bruit des scieries et des eaux contre les rochers.

J'ai cru voir au loin la vague silhouette d'une ruine, celle de Montségur et comme le soleil allait bientôt se coucher, j'ai mesuré la distance, ma curiosité médiocre et je suis revenu sur mes pas.

Il en est ainsi de tous ceux qui ont voulu étudier le Catharisme et sa sublime philosophie. Ils se sont rebutés devant des documents trop compacts, ils ont trouvé la route trop longue. Ils ont entrevu au loin, voilée de nuages, la tour de Montségur, et ils ont renoncé à l'atteindre.

Il me faut me souvenir de ma promenade de jadis pour m'expliquer l'oubli dans lequel on tient toute une partie de l'histoire. Et je me demande parfois s'il n'y a pas une cause plus profonde que l'absence de textes clairs qui a éloigné de la sagesse de la secte parfaite les esprits occidentaux. Quand je vois des méridionaux cultivés confondre leurs aïeux héroïques avec les Sarrasins ou même les Goths, quand je vois les érudits de l'histoire des philosophies et des religions ne faire aucun cas de la doctrine Cathare, je pense à une sorte de conspiration du silence, à un effort organisé pour taire la vérité morte.

C'est vrai, la vérité est impérissable et quand elle est étouffée ici, elle renaît à côté, un peu plus tard, sous une forme plus belle. C'est vrai une croix de fer, au bord d'une route, demeure toujours le symbole de l'esprit. Mais à la place de celle qui est à droite, un peu avant d'arriver à Montségur, qui donc ira planter à nouveau l'aubépine de Ferrocas ?

CHRISTIAN ROSENCREUTZ
ET LES
ROSE+CROIX

Christian Rosencreutz et les Rose+Croix

VIE ET VOYAGES DE CHRISTIAN ROSENCREUTZ

Il y a dans le midi de la France, certaines régions couvertes de pins qui sont périodiquement ravagées par les incendies. Souvent les pins repoussent et l'on voit, quelques années après, là où il n'y avait que poussière calcinée, une nouvelle forêt d'arbres résineux. Mais parfois, comme si la puissance du feu était descendue dans la source même des germes, la colline jadis recouverte d'une chevelure de pins, demeure chauve et stérile. Il arrive alors qu'au sommet de cette colline nue jaillisse un arbre unique, étrangement vivace, qui s'élève solitaire comme pour attester la présence perdue d'une forêt morte.

Ainsi de la grande forêt Albigeoise, coupée, brûlée et réduite en poussière, il ne subsista qu'un homme qui devait en perpétuer la doctrine en la transformant. Comme le pin solitaire de la colline, il enfonça sa pensée vigoureuse dans le terreau humain de son temps et il la fit planer dans le ciel bleu des siècles avec le feuillage des livres.

Des Albigeois est issu au milieu du XIIIe siècle l'homme sage qui a été connu sous le nom symbolique de Christian Rosencreutz et qui fut le dernier descendant de la famille allemande de Germelshausen*. Ici, il n'y a plus de données précises, mais seulement une tradition, une histoire racontée oralement. Il n'existe pas de texte écrit, pas de preuve historique. Comment pourrait-il y en avoir ? Si grand était le désir de supprimer l'hérésie qu'on détruisait non seulement les corps des hérétiques mais encore les pierres qui les avaient abrités et les documents qui pouvaient être le réceptacle de leur pensée. D'ailleurs, ces hérétiques comprirent vite qu'ils n'avaient quelque chance de subsister qu'en s'enveloppant

* Presque tous ceux qui ont étudié les Rose+Croix, ont fixé, — à tort selon moi — la naissance de Christian Rosencreutz au milieu du XIVe siècle. Quelques-uns l'ont placée même au XVe.siècle.

d'obscurité, en se cachant sous de faux noms, en ne correspondant qu'avec des écritures cryptographiques. Nous ne pouvons plus retrouver l'histoire que sous le vêtement de la légende. Mais un personnage qui a laissé une trace aussi profonde après une vie aussi obscure, aussi dépourvue d'actions merveilleuses et de miracles, ne peut pas avoir été créé par une légende. Prudence, modestie, bonté sans ostentation, science sans gloire, ne sont pas les apanages de la légende. Christian Rosencreutz est aussi réel que Jésus ou que le Bouddha dont on cite des traits plus illustres mais qui n'ont guère plus de fondement historique.

Les doctrines Albigeoises s'étaient répandues d'une façon fragmentaire dans le Nord de la France, dans les Pays-Bas et en Allemagne. Des familles en fuite avaient cheminé sur les routes. Des hommes solitaires avaient fui, en mendiant, la terre ensoleillée où ils étaient désormais maudits. Beaucoup moururent. Mais quelques-uns atteignirent ces régions lointaines où il n'y a plus de vigne, où les fleuves sont plus impétueux, où le soleil est moins chaud. Il en fut qui rapportèrent ce qu'ils avaient entendu là-bas, dans les maisons basses abritées par les remparts de Toulouse ou à l'ombre de Montségur, ce qui leur brûlait encore le cœur. Et quelques-uns furent compris. Il se forma de petits noyaux d'Albigeois du Nord autour de la prédication d'un homme maigre, un peu bronzé, dont la figure rappelait celle des Sarrasins. Ainsi, la graine lancée par le vent va germer dans le pays où le hasard la porte.

Sous l'influence d'un Albigeois voyageur, la doctrine traversa des montagnes hérissées de sapins et fleurit dans le pays de Rhoen, sur la frontière de Hesse et de Thuringe. Au milieu de la forêt de Thuringe se dressait le château de Germelshausen. Les seigneurs étaient d'humeur farouche, à moitié brigands et leur christianisme était mélangé de superstitions païennes. Ils passaient leur temps à guerroyer contre leurs voisins et ils ne dédaignaient pas de s'embusquer sur les routes pour dépouiller les voyageurs. Ils rendaient une sorte de culte à une divinité de pierre qui était usée et dont ils ignoraient l'origine. Elle avait dû être jadis le fruit de quelque lointain pillage. Cette statue était peut-être une Minerve de l'Hellade. Ils l'avaient dressée dans la cour du château juste à côté de la porte de la chapelle.

On était au milieu du XIIIe siècle. L'Allemagne venait d'être ravagée par le dominicain fanatique Conrad de Marbourg, envoyé du pape Grégoire IX. Le dominicain Tors continuait son œuvre. Il était accompagné d'un laïc borgne nommé Jean qui prétendait que son œil unique avait reçu la faculté divine de reconnaître du premier coup un hérétique d'un bon chrétien. Presque tous ceux qui rentraient dans le rayon visuel de cet œil terrible étaient marqués du signe de l'hérésie. Sans doute lui suffit-il d'entrevoir, à travers ses rochers et ses sapins, les tours du château de Germelshausen pour reconnaître à la couleur de sa pierre qu'il abritait un nid d'hérétiques. Peut-être un peu de la force de l'esprit éternel rayonnait-il de l'antique statue dressée dans la cour. Le landgrave Conrad de Thuringe qui avait rasé la petite ville de Willnsdorf résolut la destruction du château. Il en entreprit plusieurs fois le siège, à plusieurs années d'intervalle. Le château tomba enfin et toute la famille des Germelshausen qui s'était ralliée à la doctrine mystique des Albigeois, qui pratiquait ses austérités, croyait à la réincarnation et au consolamentum qui sauve des réincarnations, fut mise à mort au moment de l'assaut final.

Le plus jeune fils, âgé alors de cinq ans fut emporté à travers l'incendie du château par un moine qui avait élu domicile dans la chapelle et qui avait été frappé par la merveilleuse intelligence dont l'enfant faisait preuve. Ce moine, cet habitant ascétique de la chapelle des Germelshausen, était un parfait Albigeois venu du Languedoc et c'était lui qui avait été l'instructeur de la famille. Il se réfugia dans un monastère proche où avaient déjà pénétré des souffles d'hérésie.

Ce fut dans ce monastère que le dernier descendant des Germelshausen, qui devait être connu sous le nom de Christian Rosencreutz, fut élevé et instruit. Il apprit le grec et le latin et il forma avec quatre autres moines de la communauté un groupe fraternel qui résolut de se consacrer à la recherche de la vérité. Ils firent le projet d'aller chercher cette vérité à la source d'où elle était toujours partie, dans l'Orient lointain.

Deux d'entre eux se mirent en marche, Christian Rosencreutz qui avait alors quinze ans et un des quatre moines que la « Fama fraternitatis* »

* La Fama Fraternitatis est un écrit anonyme paru au XVIIe siècle. C'est une

appelle le frère P.A.L. Le prétexte de leur voyage fut un pèlerinage au Saint-Sépulcre. Leur but réel était de parvenir à un centre d'initiation, sur le lieu duquel ils devaient avoir des données précises.

Le frère P.A.L. mourut dans l'île de Chypre où les hasards du voyage avaient conduit les deux compagnons. Le jeune Christian continua sa route et sans doute à cause des indications qu'il avait, il se dirigea vers Damas. Il prenait cette direction parce que le lien avec l'Orient, qui allait se briser, subsistait encore. De même qu'Apollonius avait appris des groupes pythagoriciens parmi lesquels il vivait, l'emplacement exact de « la demeure des hommes sages », Christian Rosencreutz savait, sans doute par le parfait qui avait instruit les Germelshausen, que Damas était le chemin de l'initiation.

Il ne devait pas être aisé de passer du royaume chrétien de Chypre dans le pays des infidèles.

Mais pour celui qui cherche sincèrement la vérité, toutes les religions sont semblables et en quittant les terres chrétiennes, Rosencreutz prit le costume et l'apparence d'un pèlerin musulman.

Damas était alors sous la domination des Mamelouks. Tous les savants et tous les poètes de la Perse y avaient reflué devant l'invasion des Mongols d'Houlagou. La destruction de Bagdad et de Nichapour, l'anéantissement de leurs universités et de leurs bibliothèques faisaient croire aux intellectuels d'Orient à une sorte de déclin de la pensée. Il courait des bruits de fin du monde. Il y avait eu de grands tremblements de terre en Syrie et même une pluie de scorpions en Mésopotamie. Les Mongols occupaient la Perse et l'on scrutait l'horizon sur les remparts de Damas, avec l'appréhension de voir apparaître leurs avant-gardes.

Quel dut être l'étonnement de Rosencreutz dans la ville aux trois cents mosquées, au milieu des érudits de la littérature Orientale ! Quelles découvertes pour le jeune homme avide d'apprendre ! Il lut « le Guide des égarés » de Maïmonide, l'« Alchimie du bonheur » de Gazali vers d'Omar Khayyam et il s'efforça de comprendre ses traités d'Algèbre et son commentaire sur Euclide. Il s'entretint d'Astronomie avec les dis-

puérile image d'Épinal qui résume tout ce que l'on connaissait à cette époque des authentiques Rose + Croix.

ciples de Naçir Eddin. Il médita le Mecnevi, le livre sacré du soufisme et il s'émerveilla d'y retrouver le panthéisme mystique de ses pères spirituels les Albigeois. Combien l'Allemagne dut lui paraître barbare au sein de l'effervescence intellectuelle dont il était entouré !

En présence de la grande civilisation arabe qui finissait, il comprit davantage la nécessité de sa mission, conserver l'esprit et le transmettre aux hommes de sa race.

Après plusieurs années d'études à Damas, quand il eut acquis la plus grande somme de connaissances possible à un homme qui n'a d'autre but que de s'instruire, il songea à une connaissance plus haute. Il était alors mûr pour l'acquérir. L'énigmatique nom du lieu vers lequel il se dirigea a été gardé par la tradition. C'est Damcar en Arabie.

À Damcar, qui désigne sans doute un monastère dans les sables, se trouvait alors et se trouve peut-être encore un centre d'initiés. Damcar fut pour lui ce que « la demeure des hommes sages » fut pour Apollonius. Il y resta quelques années, puis il passa en Egypte, traversa la Méditerranée et gagna Fez.

Sous le règne d'Abou Saïd Othman, dans la ville aux six cents fontaines d'eau vive qui était alors dans toute sa splendeur, il y avait une école d'astrologie et de magie. Elle était devenue secrète depuis les persécutions d'Abou Yousouf. Ce fut là que Rosencreutz apprit la divination par les astres et certaines lois qui régissent les forces cachées de la nature.

Mais il avait hâte maintenant de retourner dans son pays. Il quitta Fez et s'embarqua pour l'Espagne. C'est à ce moment-là qu'il dut prendre le nom de Rosencreutz qui résumait l'essence de ses croyances. Il entra en rapport avec les Alumbrados. Ceux-ci formaient en Espagne, une société secrète née sous l'influence des Arabes, où l'on étudiait les sciences et où l'on pratiquait un mysticisme dérivé de celui des néo-platoniciens. On y cherchait aussi la pierre philosophale d'après les écrits d'Artephius. Cette société secrète devait être un peu plus tard entièrement anéantie par l'Inquisition.

La « Varna fraternitatis » rapporte un écho de la déception éprouvée par Christian Rosencreutz. Il se hâtait de faire part des nouveautés qu'il apportait dans le domaine de la science et de la philosophie. Il comptait corriger les erreurs, donner avec amour ce qu'il avait appris. Il fut accueilli par le rire et par le mépris. Dans tous les temps, la demi-connaissance a enveloppé les faux savants d'une illusion de certitude qui ne leur permet de recevoir aucune idée nouvelle. Il faut une accoutumance pour qu'un esprit médiocre perçoive une vérité qui ne lui est pas familière, même si elle est lumineuse comme le soleil.

Ce fut alors que Christian Rosencreutz comprit combien la lenteur est nécessaire à la sagesse pour pénétrer dans le cœur humain. Il dut se rappeler les persécutions qui avaient frappé les possesseurs trop précoces de vérité. Et, tout en s'étonnant du temps qu'il fallait à l'esprit pour se développer quand il ne faut qu'une seule journée à la fleur pour s'épanouir, un seul siècle à l'arbre pour monter très haut, il se résigna à laisser les glands aux pourceaux et à garder les perles pour les élus, quitte à mélanger parfois aux glands une poussière infinitésimale de perle. Il médita sur les philtres subtils, sur les tamis formidablement serrés par lesquels la pensée parviendrait aux hommes de sa race, en gouttes rares et microscopiques, pour qu'ils n'en soient pas brûlés. Il compta ceux qu'il pourrait initier et il vit que leur nombre ne pourrait s'élever guère à plus de huit. Il jeta les bases d'un groupement occulte si secret et dont les membres furent liés par un serment si terrible que ce groupement put ensuite agir comme il l'avait prescrit, poursuivre et atteindre ses buts, sans qu'on connût son existence, durant trois siècles, autrement que par de vagues chuchotements.

La curiosité des hommes superficiels qui aiment les anecdotes en a souffert. Mais qui pourrait soutenir qu'il y a là l'égoïsme d'une minorité supérieure dédaignant d'éclairer ses semblables et de leur faire partager sa connaissance ? Combien actuellement y a-t-il d'hommes en Europe, assez dépourvus d'orgueil intellectuel, pour accueillir une idée absolument nouvelle ? Est-ce que cet orgueil n'est pas une barrière qui interdit à l'idée nouvelle, même de parvenir ? Si Christian Rosencreutz débarquait aujourd'hui de Fez, ne ferait-il pas rire toutes les académies du monde, s'il tentait d'expliquer que le grand œuvre, le problème de l'unité de la matière est lié au développement de l'amour dans l'homme ? Ne rencontrerait-il pas, s'il voulait instruire, la même inaptitude à recevoir de la part de ceux qui veulent s'instruire ? Pour l'aider, sans espoir de récompense, trouverait-il comme alors sept moines fidèles ?

Christian Rosencreutz traversa la France sans que son passage y laissât de traces. Ce devait être le moment où l'on venait de brûler à Paris la mystique Marguerite Porète et il se hâta de regagner l'Allemagne.

De longues années étaient passées. L'Allemagne était pénétrée par toutes sortes de courants mystiques, issus de l'hérésie Albigeoise. Il y avait les Frères du libre Esprit qui proclamaient la vanité des cultes extérieurs et des sacrements, niaient le purgatoire et l'enfer ; disaient que l'homme est un fragment de Dieu qui doit, à travers une longue série d'existences, retourner finalement à l'essence divine. Il y avait les Amis de Dieu qui poursuivaient l'affranchissement du désir, s'adonnaient à des pratiques analogues à celles du système yoga et dont la philosophie était exactement calquée sur la théologie hindoue. Mais la persécution de l'Église s'organisait avec une force plus grande que celle que ces sectes employaient à se propager.

Christian Rosencreutz, devant le nombre des emprisonnements et des bûchers, dut mesurer le danger que la lumière spirituelle faisait courir aux hommes parmi lesquels elle se répandait. Il alla retrouver en Thuringe les trois moines qui avaient été les compagnons de ses premières études. Ils formèrent une confrérie de quatre membres dont le nombre fut un peu plus tard porté à huit. C'est à ce moment-là que la confrérie des Rose+croix eut son plus grand épanouissement et qu'elle réunit un nombre de vrais initiés qui ne devait jamais être atteint par la suite.

Tous les membres de la confrérie étaient allemands. Seul le frère que la « Varna fraternitatis » désigne par les initiales I. A. était originaire d'un autre pays, vraisemblablement du Languedoc.

Christian Rosencreutz apprit d'abord à ses disciples l'écriture secrète et les symboles par lesquels les adeptes correspondent entre eux. Il écrivit à leur usage un livre qui était la synthèse de sa philosophie et qui contenait le résumé de ses connaissances scientifiques et médicales. Le rôle de la communauté semble avoir été d'agir sur les quelques hommes d'Occident adonnés alors à la science, pour que cette science se développât dans le sens du désintéressement. Ce fut peut-être alors le grand tournant de notre civilisation. Si le but des Rose+croix avait été atteint, la science, au lieu de ne s'organiser que pour des fins matérielles, aurait pu être la source d'un développement illimité de l'esprit. Nous avons vu qu'il n'en a pas été ainsi.

Ceux qu'on désigna par le symbole de la rose et de la croix, s'en allèrent à travers le monde, ayant chacun une mission à remplir. Mais on n'a plus jamais rien su d'aucun d'eux. Le Frère I. A., d'après la « Varna », regagna le midi de la France où il lui incombait peut-être de rallumer l'antique flamme Albigeoise. Mais il devait être très vieux. Réussit-il à rendre la vie à la secte d'une façon aussi secrète que celle des Rose+croix ? La tradition ne rapporte que sa mort dans le pays Narbonnais.

On ne sait historiquement rien de l'activité de Rosencreutz dans la dernière partie de sa vie, c'est-à-dire au commencement du XIVe siècle. On peut toutefois supposer, sans grande crainte d'erreur, qu'il inspira Jean de Mechlin qui prêchait dans la haute Allemagne et qu'il fut à Bruxelles la source de vérité à laquelle puisa la mystique Blœmert. Cette femme inspirée faisait des cures miraculeuses et elle publiait des écrits où elle enseignait la libération de l'être par l'amour. Ses disciples affirmaient voir à sa droite et à sa gauche deux séraphins qui la conseillaient.

Ce fut Christian Rosencreutz qui fut, selon toute vraisemblance, le mystérieux visiteur de Jean Tauler sur la personnalité duquel on a tant épilogue. Jean Tauler était le plus célèbre docteur en théologie de son temps. Le monde savant de l'Europe venait écouter ses prédications à Strasbourg. Il eut un jour la visite d'un laïque dont il ne révéla jamais le nom et qui le convertit à une philosophie mystique dont l'idéal était l'absorption de l'homme par l'essence divine. Il garda deux ans le silence et il s'enrôla dans la secte des Amis de Dieu. Cette secte avait les mêmes caractéristiques que celle des Albigeois. Elle rejetait comme l'expression du mal le dieu cruel de l'Ancien Testament. Elle condamnait le mariage. Elle enseignait la pauvreté comme moyen pratique de réalisation divine.

On ne sait rien sur la mort de Christian Rosencreutz. Comme pour Apollonius de Tyane, on ne peut fixer aucune place à sa tombe. C'était une règle des adeptes de tenir cachées leur naissance ainsi que leur mort. Etait-ce seulement pour éviter le viol de sépulture et la profanation du corps que l'Eglise faisait subir aux hérétiques ? Était-ce pour permettre à certains d'entre eux la translation de leur esprit dans une nouvelle forme humaine et afin qu'un secret aussi étonnant pour le commun des hommes ne pût même être soupçonné ?

Il ne nous est parvenu qu'une puérile légende relative au tombeau de Rosencreutz. Deux siècles et demi après sa mort, au moment où le récit de son existence commençait à se répandre, ses disciples, ou plutôt ceux qui auraient désiré l'être, prétendirent retrouver une grotte aux proportions géométriques dans laquelle reposait à la clarté d'un soleil artificiel, le corps du maître encore intact.

Les hommes ont désiré de tout temps, que ceux qu'ils ont estimé plus grands qu'eux, ne périssent pas dans leur chair. Ils attachent moins d'importance à la durée de leur pensée qui est pourtant la seule forme de leur éternité. Ainsi, les saints catholiques ou musulmans dégagent une odeur suave quand on retrouve leur dépouille. La véritable odeur suave que dégage le corps des sages dans le silence de la terre et l'ambiance de la pourriture n'est faite d'aucun atome matériel quintessencié, d'aucune volatilisation odorante. Le subtil rayonnement de leur âme flotte dans les lieux où ils reposent et les imprègne, alors que leur corps a cessé même d'être poussière. Mais il faut soi-même être un sage pour prendre contact avec cette posthume subsistance d'être et cette perception, en vous faisant entrevoir que les meilleurs n'échappent pas à la loi, vous fait sentir plus profondément l'irrémédiable tristesse des transformations.

VRAIS ET FAUX ROSE+CROIX

C'est au commencement du XVIIe siècle qu'éclata une sorte de folie rosicrucienne. Deux écrits anonymes, la *Varna fraternitatis* et la *Confessio* publièrent, sous une forme naïve, ce que le vulgaire savait de la secte des Rose+croix et qui était bien peu de chose. Un grand nombre de philosophes et de savants et aussi beaucoup d'imposteurs, séduits par la philosophie élevée des Rose+croix prétendirent en être les héritiers. Des sociétés secrètes se formèrent qui cessèrent rapidement d'être secrètes à cause de la vanité de leurs membres qui se flattaient d'en faire partie. La plupart de ces groupes, quand ils n'étaient pas luthériens, s'inclinaient devant l'autorité de l'Eglise. Tous les alchimistes se disaient Rose+croix. Descartes chercha à entrer en contact avec la véritable confrérie des Rose+croix. Il les chercha aux Pays-Bas et en Allemagne, mais il déclara à son retour en France, qu'il n'avait pu rien apprendre de certain à leur égard.

On a dit que Paracelse, François Bacon et Spinoza avaient été Rose+croix. Mais rien ne semble l'avoir prouvé.

Au XVIIIe siècle, un nouveau grade, celui de Rose+croix est introduit dans la franc-maçonnerie, par les Jésuites qui y ont pénétré et des groupements chrétiens de cet ordre sont formés par eux un peu partout. La liberté vivace des hérésies du XIIIe siècle a disparu. Les soi-disant Rose+croix reconnaissent les sacrements, étudient l'Ancien Testament comme source de toute vérité, s'inclinent devant le pouvoir de l'Eglise et l'infaillibilité du pape. C'est là l'évolution habituelle de tous les courants spirituels. L'arbre dont est sortie une fleur trop belle, un fruit trop parfait devient la proie d'une force obscure qui lui communique une sève gâtée et le fait mourir.

Mais les vrais Rose+croix continuaient leur œuvre. Leur association n'avait pas cessé de rester cachée. À cause de l'obscurité volontaire de chaque membre, personne ne sut jamais l'identité de ceux qui en faisaient partie. Dans le fait que certains hommes se proclamaient Rose+croix, on pouvait seulement reconnaître qu'ils n'étaient pas affiliés à la secte fondée par Christian Rosencreutz. L'influence de ce libre esprit se fit sentir au XVIIe siècle et au XVIIIe siècle, auprès de tous ceux qui luttèrent contre la tyrannie calviniste et luthérienne aussi intolérante que celle de l'Inquisition, et contre l'intransigeance des universités qui voulaient courber tous les esprits sous la discipline intellectuelle d'Aristote. Mais les messagers demeurèrent fidèles au serment de ne pas se faire connaître. Le message arriva mais on ne sut pas qui l'avait apporté.

Certains traits de la vie de certains hommes peuvent faire penser toutefois qu'ils étaient les véritables possesseurs de la tradition rosicrucienne. Paracelse pratiquait la médecine gratuitement; sa philosophie était néo-platonicienne; il ne portait que des vêtements très modestes et il glorifiait la pauvreté; nommé professeur de chirurgie par le sénat de Baie, il brûla dans l'amphithéâtre, devant les étudiants, les livres des vieux médecins auxquels on s'en rapportait aveuglément et qui, sous prétexte de respect, étaient un obstacle aux recherches. Philalèthe, qui possédait le secret de la pierre philosophale, parcourait le monde pour soigner les malades; son incessante préoccupation était de se dérober à la célébrité que lui attiraient ses guérisons. Bien que le comte de Saint-Germain eût le goût des bijoux précieux, on peut le ranger, pour d'autres raisons, parmi les vrais Rose+croix. Mais la même conclusion ne peut être tirée pour Spinoza, du fait que son sceau représentait une rose et qu'il ne tenait pas à signer ses ouvrages. Certains écrivains trop passionnés ont enrôlé parmi les Rose+croix tous les esprits remarquables des derniers siècles.

En 1888 Stanislas de Guaita et Papus fondèrent un ordre cabalistique de la Rose+croix, avec un cérémonial, des grades et peut-être des costumes. Cela, et le bruit qu'ils firent autour de cette fondation, indiquaient assez que le nouvel ordre n'était pas inspiré par la tradition de son premier fondateur. On peut dire la même chose pour l'ordre de la Rose+croix catholique que fonda en même temps Josephin Péladan. Ces ordres n'eurent qu'une vie éphémère. On trouve encore de nos jours, divers groupements, presque tous chrétiens, qui s'intitulent Rose+croix, sans que cela corresponde à une réalité initiatique quelconque.

Les vrais Rose+croix, les seuls, les huit héritiers sans cesse renouvelés de l'Albigeois Christian de Germelshausen, n'ont pas cessé de poursuivre leur œuvre secrète. On à dit que vers la fin du XVIIe siècle, devant le matérialisme grandissant de l'Europe et comme s'ils jugeaient la partie perdue, ils avaient quitté les races uniquement assoiffées de bien-être physique et ils s'étaient retirés dans les solitudes inaccessibles des monts Himalaya. Mais une partie où l'enjeu est divin n'est jamais perdue. Peut-être ont-ils quitté l'Europe durant un temps et sont-ils revenus. Leur légende après avoir défrayé les conversations de toutes les sociétés intellectuelles d'Europe s'est effacée après la Révolution. Elle n'intéresse plus à présent qu'un petit nombre de curieux. Les huit sages se sont remis en toute liberté à leur tâche. Il est vrai que cette tâche est devenue démesurée. Par quels moyens tentent-ils de l'accomplir ?

Il faut quelquefois peu de chose pour orienter une âme humaine dans un sens nouveau, meilleur et plus élevé. Il arrive que la lecture d'un livre suffit, ou une parole qu'on entend, même un visage très bon que l'on entrevoit un soir et qui rappelle que la bonté existe. Chacun de nous peut rencontrer, quand la minute sera venue ou quand il le demandera avec force, un des huit sages errants. Qu'il ne soit pas de mauvaise humeur ce jour-là, ou distrait ou fatigué.

La sagesse n'est pas capricieuse comme la fortune, mais elle passe bien moins souvent.

LA ROSE ET LA CROIX

Les Rose+croix ont pris pour symbole l'union de la rose et de la croix parce que cette union résume le sens de leur effort et que cet effort doit être celui de tous les hommes. Depuis des âges immémoriaux, les plus sages d'entre nous ont découvert que le but de l'humanité sur la Terre était de parvenir à la sagesse divine. Deux routes conduisent à la sagesse divine : la connaissance et l'amour.

La croix est le plus antique symbole qui existe. Dès que les premières civilisations apparurent, elle signifia l'esprit, l'esprit en mouvement vers la perfection.

La rose a le sens de l'amour parce qu'elle est, par le parfum, la couleur et la délicatesse, le chef-d'œuvre de beauté de la nature et que la beauté suscite l'amour, de même que l'amour transforme en beauté les éléments sur lesquels il se répand.

Par la rose qui s'épanouit au milieu de la croix, le sens de l'univers est expliqué, la doctrine unique est résumée, la vérité brille avec clarté.

L'homme pour se réaliser et devenir parfait doit développer sa puissance d'amour au point d'aimer tous les êtres et toutes les formes perceptibles pour ses sens, étendre sa faculté de connaître et de comprendre jusqu'au point de posséder les lois qui régissent le monde et de pouvoir remonter, par l'intelligence, de tous les effets à toutes les causes.

Celui qui respire la rose et en savoure la beauté, celui qui voit s'ouvrir les branches de la croix vers les quatre points cardinaux de l'esprit, peut se tromper, revenir en arrière, être momentanément enseveli par l'ignorance, mais il tient la bouée dans la tempête, il voit la lampe sur la colline, il retrouvera tôt ou tard la bonne voie.

Gloire au messager qui trouva ce signal salutaire, qui le fixa dans le bois ou sur la pierre pour qu'il fût transmis !

Gloire au messager qui, par la vertu de l'image, permit à la vérité de ne pas être perdue ! Il a mis le chiffre et la lettre sur la borne kilométrique, il a été le réconfort du voyageur et le salut de l'homme égaré.

Christian Rosencreutz avait fixé des règles à la vie de ses disciples.

La première de ces règles était le désintéressement. Le désintéressement restera toujours la vertu la plus difficile à pratiquer. Les hommes dont on dit qu'ils sont désintéressés et qui passent parmi nous avec une vague auréole de générosité sont seulement ceux qui sont moins avides que les autres. Personne n'est désintéressé. Il n'y a pas d'exemple dans notre société moderne d'un homme assez grand pour briser la formidable chaîne de l'argent et passer avec aisance et sans ostentation de la richesse à la pauvreté ou même de la pauvreté à une pauvreté plus grande. Dès que l'esprit a atteint une certaine élévation, il comprend que c'est dans ce sens que doit être accompli le premier pas. Pourtant, il ne fait pas ce pas. Un des plus courageux et un des plus persuadés de la vertu de la pauvreté, Tolstoï, s'est décidé seulement quelques heures avant sa mort à pratiquer l'état de moine mendiant. C'était bien tard.

Une autre règle essentielle était l'absence d'orgueil. Le Rose+croix devait passer inaperçu, ne pas se flatter de sa science, demeurer autant que possible anonyme. La modestie est aussi impraticable que la pauvreté pour l'homme ordinaire. On peut même remarquer qu'une sotte vanité, fière d'elle-même, accompagne toujours de grandes facultés intellectuelles. Et cette sotte vanité est considérée avec faveur comme le signe du génie.

La troisième règle des Rose+croix était la chasteté. Les sages ont, de tout temps, attaché à la chasteté une grande importance. Ni Pythagore, ni Socrate, ni Platon, ni les philosophes de l'école d'Alexandrie ne l'ont pourtant pratiquée d'une façon rigoureuse. Elle n'est peut-être qu'une mesure préventive contre l'excès des désirs et les violences qu'ils engendrent. Logiquement, si le plaisir de manger n'est pas prohibé, il n'y a pas de raison pour que la volupté des sens le soit. Et l'on ne peut même assimiler ces deux ordres de plaisirs physiques. Ils sont, chez l'homme normal, aussi indispensables à la vie l'un que l'autre. Mais tandis que l'on ne tire de la nourriture qu'une habitude du corps venant d'une digestion harmonieuse, on peut obtenir de merveilleuses possibilités de la volupté si elle est pratiquée avec un être qu'on aime. Elle peut même être un chemin de perfection. Seulement ce chemin n'est pas connu.

Les lois qui enseignent comment on peut parvenir à l'élévation spirituelle par la communauté du désir et sa satisfaction mutuelle n'ont encore été écrites par aucun maître. Je n'ai même jamais entendu dire qu'il y ait eu d'enseignement oral à ce sujet. Une pruderie vieille comme le monde a arrêté par son vertueux silence l'essor que l'humanité aurait pu avoir par la porte de la chair et du baiser.

Mais nous ne savons pas si la rose du symbole rosicrucien ne renferme pas implicitement l'indication du secret d'amour qui reste à trouver.

Celui qui arriverait à la connaissance suprême par l'intelligence agrandie ne pourrait qu'aimer les êtres et les choses dont il aurait pénétré les rouages, dont il verrait les mouvements, dont il comprendrait les passions comme si elles étaient les siennes propres. Celui qui par l'élan émotif de son cœur parviendrait à l'état sensible d'amour parfait, verrait tomber les barrières de l'ignorance et conquerrait le savoir par le don de lui-même à ce qu'il aime. Car les deux chemins se rejoignent et à une certaine hauteur ils n'en font plus qu'un.

Le symbole est juste et éternel et il n'en est pas besoin d'autre pour encore des milliers d'évolutions humaines. Chacun peut se peser à sa mesure et trouver une pierre de touche provisoire du bien et du mal en se reportant à la rose et à la croix. Or, c'est là le point d'interrogation qui se dresse dans bien des consciences, sans qu'elles se l'avouent à elles-mêmes. Qu'est-ce qui est bien et qu'est-ce qui est mal ? Ai-je raison d'accomplir une action qui semble bonne à mon point de vue et mauvaise au point de vue des autres ? Certes, la rose et la croix ne peuvent servir de clef à toutes les énigmes, car il y a trop de portes dans l'ombre de l'âme. L'angoissante question, posée au moins une fois par chacun, mille fois pour certains, de savoir si ce qui importe le plus est son propre développement ou l'entraide aux autres, s'il vaut mieux se sacrifier ou s'élancer en avant par l'étude, n'est pas résolue. Mais les deux images toujours présentes donnent une base à l'homme, s'il est sincère avec lui-même.

Toutes les fois que l'on s'identifie par l'amour, soit avec cet ensemble des univers qu'on appelle Dieu, soit avec un paysage, soit avec un être humain ou un être quelconque, serait-ce un chien, on est sur le chemin de la rose, protégé par elle et enrichi de sa substance. Toutes les fois que l'on échappe à l'ignorance, que l'on apprend un fait ou une loi, que l'on permet à son esprit d'aller un peu plus loin dans la connaissance de ce qui existe, on est en marche vers le lieu supraterrestre et supracéleste où la croix étend ses quatre branches spirituelles.

C'est ce message que Christian Rosencreutz est venu apporter aux hommes d'Occident. C'est un message qui peut paraître très humble aux sceptiques de notre race qui sont persuadés posséder toute connaissance et font plus de cas de la haine que de l'amour. Mais il fut apporté très humblement par un messager qui a mis sa gloire à cacher son nom et qui, ayant voyagé plus de cent années pour transmettre sa petite vérité, n'a laissé d'autre trace de son passage que le dessin de la fleur ouverte au milieu de la croix.

LE **MYSTÈRE** DES **TEMPLIERS**

Le Mystère des Templiers

LES INITIÉS DE L'ACTION

Il était prescrit au chevalier du temple, dans les règlements de l'Ordre de ne pas reculer et de combattre à outrance devant trois ennemis et l'on disait communément, au XIIe et XIIIe siècle qu'un seul chevalier Templier suffisait pour vaincre dix sarrasins.

La qualité essentielle demandée à un membre de l'Ordre était le courage, la valeur personnelle et l'ensemble de ces courages réunis devait procurer la puissance de la force, la domination matérielle.

Les Templiers furent les initiés de l'action, les messagers de l'épée. Ils marquent un échec nouveau de l'initiation orientale pour pacifier et cultiver l'Occident broyé par l'étreinte de l'Église. Jadis à Athènes et à Alexandrie cette Église avait anéanti les initiés de la connaissance qu'étaient les néoplatoniciens. Les derniers survivants de cette école merveilleuse, les disciples d'Ammonius Saccas, qui avaient rêvé d'amener le monde à la perfection par la connaissance philosophique, avaient été obligés, devant les persécutions, de s'enfuir en Perse auprès du roi Chosroès.

Au moment où l'Ordre du Temple arrivait à son apogée, les initiés de l'amour, les Cathares et les Albigeois qui avaient découvert le secret de la perfection immédiate, conquise en cette vie par le chemin de la pauvreté purificatrice et du fraternel amour étaient exterminés jusqu'au dernier et de l'Atlantique à la Méditerranée il était impossible de découvrir même une pierre ou subsistât un signe de leur sublime tradition.

Les initiés de l'Ordre du Temple tentèrent de faire triompher par l'épée la vérité des sages. Ils suivirent le troisième des chemins ouverts devant l'homme, après celui de la connaissance et celui de l'amour, le chemin de l'action. Leur réussite fut d'abord éblouissante. L'élite du monde, séduite par l'idéal de courage chevaleresque qu'ils levaient comme une bannière, vint de toutes parts à eux. Tous les jeunes hommes vaillants de l'Europe rêvaient de collaborer à la défense de la Terre sainte dans la phalange de ces vétérans glorieux de la Croisade. Mais les dirigeants de l'Ordre entrevoyaient un but plus magnifique. La Terre sainte ne renfermait à leurs yeux que le tombeau d'un prophète entre les prophètes et non d'un Dieu. Il s'agissait de faire du monde entier une Terre sainte. Il fallait d'abord s'emparer du monde. Et c'était possible. L'ordre du Temple le tenta et il aurait pu réussir. Le XIe et XIIe siècle virent se développer ce rêve énorme, cette chimère gigantesque et secrète, la conquête de l'Europe et de l'Asie par une minorité vaillante et bien organisée, une minorité ignorante pourtant du but et que dirigeait un groupe d'initiés. La réussite aurait été le rétablissement de l'antique hiérarchie sacerdotale d'Egypte. Derrière les rois et leurs guerriers, il y aurait eu des sages, à la fois prêtres et savants, qui auraient imposé une volonté de justice et orienté l'Univers vers la perfection.

Si l'on ne trouve pas dans les règlements de l'Ordre les textes qui peuvent donner la preuve du but grandiose des Templiers, on ne peut s'en étonner. Un projet aussi vaste que la chute des rois et le nivellement des religions, la constitution d'une civilisation unique, à la fois musulmane et chrétienne ne pouvait être confié à aucun parchemin, et ne devait être révélé aux grands prieurs du conseil secret que lorsque leur ambition et leur sagesse avaient été mesurées avec soin. Nul chevalier ne révéla au moment du procès le but de l'Ordre dont il n'était qu'un aveugle instrument. Les membres du groupe intérieur, ceux qui savaient, n'avouèrent sous les tortures que des rites extérieurs, scandaleux pour les profanes, mais qui ne touchaient pas à l'essence même de ce qu'était le Temple en vérité. Sans doute Philippe le Bel et le pape Clément V n'ignorèrent pas le danger que courait la papauté et les royautés. L'extraordinaire avarice du roi de France n'était pas un levier suffisant pour lui faire soulever une pierre aussi lourde que l'Ordre du Temple et pour la briser. Il pouvait ne pas réussir et être brisé lui-même. Il ne dut se décider à cet acte audacieux que parce que c'était une question vitale pour son trône. Naguère il avait essayé d'être admis parmi les chevaliers du Temple et à sa grande surprise, il avait été rejeté. Il supprima ceux qui l'auraient supprimé un peu plus tard. La papauté n'aurait été atteinte que bien après, car l'Ordre avait besoin de l'organisation ecclésiastique pour dominer. Rien ne transpira, ni dans les interrogatoires ni dans les jugements, de la force qui avait failli détruire l'édifice social, pour le réorganiser sur un plan plus parfait. On se contenta de convaincre les Templiers d'avoir craché sur le Christ, d'avoir permis et même recommandé la sodomie, d'avoir adoré l'idole Baphomet toutes choses qui furent prouvées à la lettre, mais furent ignorées dans leur esprit. Les peuples stupéfaits virent condamner l'ordre glorieux et célèbre et ils n'en surent pas la vraie cause. Après eux l'histoire demeura aussi ignorante.

Les plus prodigieuses actions peuvent être accomplies par les croyants. La foi, non seulement soulève les montagnes, mais elle peut les lancer au ciel en se jouant. Et il n'est pas nécessaire que cette foi soit la foi au bien, à Dieu ou à n'importe quelle chimère sublime. La foi en l'égoïsme a autant de puissance. Seulement elle plie vite. Mais il faut que l'élément foi soit à la base de l'action. Quand les hommes cessent de croire à leur but, leur cuirasse tombe, ils cessent d'être invincibles. C'est ce qui arriva pour les Templiers. La richesse entrait dans leur plan de conquête et, avec une vertigineuse rapidité, ils étaient devenus les banquiers du monde. Les chevaliers chargés de compter montraient encore plus de zèle que ceux qui étaient chargés de combattre et qui passaient pour les plus illustres combattants de leur époque. La richesse les corrompit comme elle corrompt tous ceux qui la possèdent. Ils périrent pour avoir été trop riches et avec eux s'éteignit le rêve d'une civilisation réconciliant l'Orient et l'Occident et remplaçant le pouvoir des rois par le gouvernement d'une élite d'hommes intelligents et justes.

HUGUES DE PAYENS ET L'ORDRE DES ASSASSINS

Ce fut vers 1120, à Jérusalem, que le rêve magnifique apparut dans le cerveau génial du fondateur des Templiers, Hugues des Payens.

C'était un pauvre chevalier de Champagne qui avait suivi Godefroy de Bouillon dans la croisade et qui était demeuré à Jérusalem. Les pillages l'avaient laissé sans fortune. L'Histoire montre que lorsqu'une ville, si vaste soit-elle, est prise et pillée, il suffit à peine de trois jours pour qu'il n'y ait plus une maison à prendre, une femme à violer. À Antioche et à Jérusalem, Hugues des Payens avait dû passer les trois premiers jours à remercier Dieu de la victoire.

Il est vraisemblable que le fondateur de l'ordre le plus riche de la chrétienté fut un homme désintéressé.

Quand on rêve du royaume du Christ, qu'est-ce qu'une maison mauresque avec des femmes autour d'un jet d'eau et des nègres esclaves en pourpoint vermillon ? Il n'avait ni la maison, ni les femmes. Il se croyait bon chrétien mais il aimait discuter sur les doctrines hérétiques avec son compagnon de guerre le toulousain Geoffroy de Saint-Adhemar* qui, comme tous les hommes de sa race, était imbu de Catharisme. Ils étaient jeunes et pauvres, comme il convient aux bâtisseurs de projets immenses et aux prompts réalisateurs de chimères.

L'Orient avec ses beautés d'architecture, les voluptés de ses femmes et le mysticisme de sa philosophie transformait avec une surprenante rapidité les hommes d'occident. Baudoin II qui était devenu roi de Jérusalem donnait l'exemple. Fait prisonnier par l'Emir Balak dans une embuscade, il était resté un an au pouvoir des Sarrasins. Quand il fut délivré, il continua à guerroyer avec la même ardeur, mais il parlait de l'Emir Balak comme d'un sage avec lequel il s'était plu à s'entretenir. Il s'habillait d'une robe, à la manière des Orientaux, il affectait de suivre leurs usages et il épousa une jeune fille qui appartenait à une ancienne famille arabe. Il fut le protecteur des premiers Templiers auxquels il donna comme logement, peut-être avec intention, la partie de son palais qui était construite sur l'emplacement de l'ancien temple de Salomon.

Hugues des Payens et Geoffroy de Saint-Adhémar, qui étaient des combattants en même temps que des mystiques, furent frappés d'admiration par ce que l'Orient leur révélait dans l'ordre d'idées qui les préoccupait le plus. Ils n'entendaient raconter que des histoires de saints de l'Islam qui imposaient par la force leur conception mystique ou même le souvenir d'un certain prophète méconnu. Tous employaient une méthode semblable. Ils fondaient une société secrète, à la fois philosophique et

* Et non de Saint-Omer comme on l'a écrit souvent.

guerrière, avec différents degrés d'initiation et une hiérarchie de membres, basée sur la hiérarchie de la nature, selon l'antique principe : ce qui est en bas est comme ce qui est en haut. Il y avait eu en Perse, Mastek, Kermath, puis les Rawendi qui enseignaient à leurs initiés que les âmes transmigrent de corps en corps. Ils avaient entendu parler de « ceux qui sont vêtus de blanc », de Mokanaa, le masqué, qui portait toujours sur son visage un masque d'or et de Sasendeimah, celui qui dispose du clair de lune ainsi appelé parce que pour éblouir ses disciples il faisait paraître, la nuit, au-dessus d'une fontaine, une lumière éblouissante qu'il assimilait à celle de l'esprit divin.

C'était aussi le fondateur d'une société secrète Ismaïlite, Abdallah, fils de Maïmoun qui était parvenu à monter sur le trône du Khalifat d'Egypte. Depuis son avènement, il y avait au Caire une société de sagesse dont le Khalife était le grand maître et qui avait sa « maison de sagesse » et sa « maison de science » pleine d'instruments d'astronomie, de livres, où l'encre, le parchemin et les plumes étaient distribués gratuitement et où affluaient les médecins, les poètes et les savants de l'Orient.

Hugues des Payens et Geoffroy de Saint-Adhémar eurent dans ce même temps à Jérusalem l'écho d'un grand événement, la fermeture passagère de cette « maison de science » au Caire, à la suite d'une émeute et ils s'étonnèrent de l'importance qu'avaient les choses de l'esprit, dans cet Orient qu'ils avaient pu croire barbare, quand ils habitaient leur château de pierre, enclos de tristes fossés, dans le pays de France.

La destinée d'Hassan Sabbah surtout, du Vieux de la Montagne et celle de la secte des Assassins qui régnait par la terreur sur la Perse, la Syrie et l'Egypte et même sur les croisés, devait occuper leurs longues causeries, durant les nuits chaudes de Jérusalem.

Hassan Sabbah avait été un ambitieux en même temps qu'un philosophe mystique. Instruit dans la grande université de Nichapour avec le poète astronome Omar Khayyam et Nizamolmouk qui devait devenir le premier ministre du Khalife de Bagdad, il s'était initié à la secte des Ismaïlites d'Egypte et il avait fondé une secte dont il s'était proclamé le grand maître. Cette secte avait neuf degrés d'initiation et reposait à la fois sur l'obéissance absolue et la connaissance intellectuelle des philosophies. Selon leur intelligence, les disciples s'élevaient dans la hiérarchie de la secte. Après la connaissance il fallait arriver à la foi dans le Dieu supérieur commun à toutes les religions. À ce degré on pratiquait l'extase des soufis et des saints. Mais le dernier degré enseignait qu'il n'y a pour l'homme ni récompense ni châtiment, que le monde est dirigé par une loi indifférente et que l'égoïsme individuel est vraisemblablement le dernier mot de la vie. Seuls, quelques dirigeants de la secte parvenaient à ce degré ultime.

Il dut y avoir un degré encore supérieur qui fut le partage du premier grand maître Hassan Sabbah et dont il ne révéla l'angoisse à personne. Il dut douter de sa propre philosophie et de la supériorité dernière de l'égoïsme. Ses disciples rapportent qu'il passa trente-cinq ans sans sortir de la bibliothèque du château d'Alamout où tant de livres étaient entassés qu'elle était devenue la plus grande du monde après celle de Bagdad. Durant ce délai de trente-cinq ans, on ne se rappela l'avoir vu paraître que deux fois sur son balcon. Un homme qui porte en lui une certitude absolue reconnaît la vanité des livres autant que celui qui est possédé par la foi, il n'attend rien de la poussière des parchemins et il ne se contente pas en trente-cinq ans, de voir deux fois seulement la lumière du soleil.

Hassan Sabbah avait trouvé un ingénieux moyen de devenir le premier personnage de l'Orient, d'y prélever des impôts et d'en gouverner les souverains. Tout homme qui résistait à sa volonté était assassiné par un de ses émissaires. Si un de ces émissaires était pris avant la réalisation du meurtre, il en venait un autre, puis un autre encore. Et les disciples d'Hassan n'hésitaient devant rien. Ils se convertissaient au christianisme s'il fallait tuer un chrétien. Il en est qui prirent l'apparence de femmes ravissantes et se firent vendre comme esclaves pour parvenir auprès d'un émir méfiant et luxurieux et le poignarder à l'heure des caresses.

Pour fanatiser ses disciples et obtenir d'eux le sacrifice de leur vie, Hassan possédait une méthode personnelle qu'il légua à ses successeurs. Comme son père Ali Sabbah, qui était déjà surnommé le sceptique et l'athée et dont il révérait les connaissances, il avait étudié les plantes dès son enfance. Il avait trouvé une manière de préparer le haschich et de le mélanger avec de la jusquiame qui donnait la confiance en soi, qui provoquait l'inébranlable fermeté de l'âme. Ceux qu'il envoyait, portaient avec eux, outre le court poignard triangulaire, la certitude absolue de réussir ; peut-être, comme l'a raconté Marco Polo, dont tous les autres récits ont été confirmés, Hassan donnait-il à ses disciples un autre mélange de haschich qui leur procurait, parmi les jardins d'Alamout et au milieu de ses fontaines, des rêves et une béatitude délicieuse et leur faisait-il croire qu'il les envoyait au paradis, en vertu de son pouvoir divin*. L'obéissance était aisée à celui qui disposait d'une semblable récompense. C'est de là que les membres de la secte ont tiré leur nom d'Assassins, ou *haschischins*, mangeurs d'herbes. Le Vieux de la Montagne était appelé le possesseur du Haschicha†.

Au moment où Hugues des Payens et Geoffroy de Saint-Adhémar rêvaient d'un pouvoir conquis à l'imitation des intellectuels orientaux, Hassan Sabbah mourut. Mais sa secte ne perdit rien de sa force, grâce aux rouages de son organisation. Les deux Français n'eurent pas de peine à voir que plus encore que les poignards obscurément levés sur les têtes, ce qui faisait sa puissance, c'étaient les châteaux méthodiquement acquis et fortifiés par elle, les châteaux inexpugnables et que gardaient de petites troupes disciplinées.

Et le rêve se précisa. On pourrait être maître de l'Europe si on disposait de châteaux disséminés un peu partout à travers ses royaumes. Pour avoir ces châteaux, il fallait être riche, mais la religion menait à tout, surtout à la richesse. Que de gens avaient renoncé à leur fortune

---

* Une partie du château d'Alamout s'appelait Meïmoun-Diz, la forteresse du bonheur.

† Certains esprits trop graves se plaisent à écarter de l'histoire les événements qui se présentent, revêtus de pied en cap, de fantaisie légendaire. Les faits sont souvent plats et ennuyeux, mais d'autres fois, sublimes et poétiques sans qu'on y ajoute rien. Dans son intéressant ouvrage sur la chevalerie M. Victor-Emile Michelet, dit que faire venir Assassin de Haschichin est comme faire venir cheval de equus et il semble trouver l'usage du haschich indigne d'Hassan Sabbah. L'étymologie que je donne est abondamment prouvée par Sylvestre de Sacy, Hammer et plusieurs autres historiens. D'ailleurs, beaucoup de sociétés secrètes persanes, hindoues et chinoises ont employé et emploient encore maintenant des breuvages à base de haschich, d'opium, et de beaucoup d'autres plantes pour favoriser la sortie du double astral et atteindre les premiers degrés de l'extase.

au moment de la Croisade, échangeant des richesses contre le pardon de l'Église ! Les chevaliers du Christ draineraient l'or de la chrétienté. Quant à la terreur, au pouvoir de l'assassinat qui avait été le premier levier d'Hassan, on le retrouverait dans un mot d'ordre religieux, une vertu que donne la foi.

Ce mot d'ordre leur fut apporté par l'initiation orientale qu'ils reçurent de Théoclet. C'était le patriarche de la secte gnostique des Johannites. Cette secte se rattachait à l'évangéliste Jean et prétendait qu'il était le fondateur de la véritable Église. L'Église de Rome n'était pas l'Église légitime. Les missionnaires de Pierre avaient altéré la pensée de Jésus en allant prêcher chez des peuples barbares. D'après les Johannites, c'était un blasphème de dire que Jésus était monté sur la croix, car le fils de Dieu n'avait pu être crucifié. Depuis Jean, les patriarches Johannites s'étaient succédé sans interruption. Le dernier était Théoclet. Il errait obscurément en Palestine, mais s'il trouvait des défenseurs, son Église triompherait des fausses églises et son successeur serait l'homme le plus puissant de la chrétienté.

Hugues des Payens réunit autour de lui sept chevaliers et fonda un ordre de chevalerie dont le but apparent était de protéger les pèlerins se rendant vers la Terre Sainte. Il l'appela l'ordre du Temple parce que son but mystique et secret était la reconstitution du Temple de Salomon, symbole de la perfection. On avait enfermé ce symbole dans la géométrie des pierres ; c'était la poursuite de la sagesse divine et sa réalisation par l'ordre et l'harmonie sous la direction hiérarchique des initiés. La puissance matérielle devait être le moyen pour élever le Temple.

Cette puissance matérielle fut acquise avec une rapidité qui dépassa tous les rêves des fondateurs.

En 1128, Hugues des Payens venait en France et faisait approuver par saint Bernard, la règle de l'ordre nouveau. Elle était ascétique et guerrière. Si elle ressemblait étrangement aux règles des sociétés secrètes de l'Orient, nul ne le sut. Les Templiers se divisaient en trois grades : les chevaliers, les servants d'armes et les affiliés. Ils obéissaient au Grand Maître mais il y avait un ordre intérieur, composé de sept membres qui restaient inconnus et qui perpétuaient la tradition primitive.

Leur costume fut la robe blanche avec une croix rouge sur le côté gauche. Ils étaient exemptés d'impôts et de service militaire aux rois. Ils ne pouvaient être jugés que par le pape. Le nombre trois jouait un rôle particulier dans leurs rites. Quand un candidat voulait être admis chevalier il frappait trois fois à la porte de l'église où la cérémonie avait lieu et on lui demandait trois fois ce qu'il voulait. Chaque chevalier devait avoir trois chevaux, faire trois grands jeûnes et communier trois fois Pan. Ceux qui avaient commis une faute étaient flagellés trois fois. Ils faisaient trois vœux.

Quelques années s'étaient à peine écoulées qu'ils avaient des biens immenses et qu'ils formaient au milieu des nations européennes et en Orient une force qui allait toujours grandissant. Cette force chevaleresque s'accrut de leurs opérations financières.

Durant les cent quatre-vingt-quatre ans de l'existence de l'Ordre, le but ne fut jamais perdu de vue et il fut poursuivi avec une volonté obstinée. Ils eurent partout des châteaux et jusqu'à neuf mille. Ils progressaient sans cesse. En combattant les Égyptiens, les Syriens et l'Ordre des Assassins, ils s'instruisaient dans leurs mœurs, dans leur organisation militaire et dans leurs doctrines. Quand ils élèvent des forteresses, elles sont sur les plans des forteresses Sarrasines et ainsi on peut les distinguer aisément de celles des Hospitaliers, leurs rivaux.

Des rapports étroits, sous forme d'alliances conclues, puis rompues, unissent souvent les Templiers aux Sarrasins. Ils trahissent Frédéric II pour le sultan de Babylone. Une autre fois, ils refusent de combattre les infidèles au profit de Léon, roi d'Arménie. Après la prise de Damiette, Imbert, maréchal du Temple et confident du légat du pape, le cardinal Pelage, qui commandait l'armée chrétienne, quitte brusquement cette armée embourbée dans le débordement du Nil et passe aux Musulmans. Si c'est un chevalier du Temple qui empêcha, dit-on, le Grand Maître des Assassins de se convertir au christianisme et qui tua son ambassadeur, c'est sans doute qu'il n'ajoutait pas foi à cette invraisemblable conversion et qu'il ne voyait en elle qu'une ruse de guerre.

Tout cela prouve combien les chevaliers du Temple eurent d'affinités avec les ennemis qu'ils combattirent. Ils n'hésitent pas à trahir la chrétienté si c'est leur intérêt et lorsqu'ils font des prisonniers Musulmans, on ne voit pas qu'ils leur font grâce ou qu'ils les laissent partir sans rançon. C'est qu'il n'y a pour eux de vérité que dans l'accroissement de leur force.

Avec les années, les grands maîtres deviennent plus puissants et ils n'en sont que plus ambitieux. Sous Thomas Béraut, ils font la guerre aux chevaliers Hospitaliers avec une ardeur au moins aussi grande que s'ils la faisaient aux infidèles. Mais la vie humaine ne compte pas à leurs yeux. On ne peut réaliser un grand projet matériel sans tuer indifféremment ses amis et ses ennemis. Rien ne compte même, ni l'autorité du pape dont ils s'affranchissent chaque jour davantage, ni les lois morales, ni les lois chevaleresques. Nous n'en donnerons qu'un exemple significatif.

Les chrétiens étaient presque partout chassés de l'Orient où depuis près de trois siècles ils détruisaient les monuments de l'art arabe, brûlaient les bibliothèques* et répandaient une désolation qui ne peut être comparée qu'à celle qui fut apportée par les Mongols†.

Le sultan Khalil avait mis le siège devant Saint-Jean-d'Acre dont la défense avait été confiée au grand maître du Temple, Guillaume de Beaujeu. Il fut tué sur les remparts après plusieurs mois de lutte et comme la ville assiégée renfermait le nombre des grands prieurs nécessaire à l'élection, on proclama tout de suite son successeur, le moine Gaudini. C'était un intellectuel et un philosophe plutôt qu'un guerrier. Il se hâta de négocier, mais trop tard, et la ville fut pillée. Les jeunes filles et les femmes des nobles de la ville au nombre de trois cents s'étaient réfugiées dans la forteresse des Templiers dont les tours étaient battues par la mer et permettaient encore de résister. La nuit arrêta combats et pillages. Les chevaliers du Temple sommés de se rendre n'y consentirent que s'ils avaient le lendemain la liberté de se retirer sains et saufs avec

* Notamment la Bibliothèque de Tripoli qui contenait plus de cent mille volumes.

† Je ne peux m'expliquer l'admiration dont sont remplis les manuels d'histoire pour ce qu'on y appelle « les grands mouvements mystiques des croisades. » Derrière la chevalerie française, c'était la lie de l'Occident qui courait au pillage de l'Orient. Saint Bernard peignait avec justesse ces croisés dont il avait suscité l'enthousiasme : « Ce qui charme dans cette foule,dans ce torrent qui coule à la Terre-Sainte, c'est que vous n'y voyez que desscélérats et des impies. Mais Christ d'un ennemi se fait un champion ».

les femmes réfugiées derrière leurs murs. Le sultan y consentit, mais il fut entendu que quelques centaines de soldats Musulmans occuperaient une des tours pour veiller à ce que les articles de la capitulation fussent observés. Cette tour était malheureusement celle où étaient entassées les nobles chrétiennes. Les soldats Musulmans enivrés par la victoire ne purent résister à la vue des femmes : ils les entraînèrent toutes dans l'Eglise de l'Ordre et les violèrent. Les chevaliers, prévenus par les cris, coururent avertir le grand maître Gaudini de la trahison, du malheur qui s'accomplissait et de la vengeance qu'il était nécessaire d'en tirer. Celui-ci haussa les épaules et répondit :

— « Eh ! Messieurs ! je n'en suis pas moins affligé que vous ! Mais que faire en d'aussi tristes conjonctures* ? »

Et il se hâta de s'embarquer avec les archives du Temple et une dizaine des plus hauts gradés de l'Ordre sur une barque qui put s'échapper à la faveur de l'obscurité et atteindre Chypre. Qu'importait, en effet, le viol de trois cents femmes pourvu que les quelques hommes qui avaient entre leurs mains la conquête et l'organisation de l'Europe fussent sauvés.

Les Templiers qui demeurèrent massacrèrent les voluptueux soldats de Khalil mais ils périrent le lendemain, ainsi que les chrétiennes déshonorées ; la tour du Temple où ils se défendaient s'écroula au moment de l'assaut, ensevelissant vainqueurs et vaincus.

Quelques années après, sous la maîtrise de Jacques de Molay, toutes les orgueilleuses tours du Temple dressées aux carrefours de l'Europe, s'écroulèrent en même temps.

LE RENIEMENT DE JÉSUS, LA SODOMIE ET LE BAPHOMET

C'était le temps où Philippe le Bel venait d'altérer à son profit les monnaies de France. Malgré ces altérations il restait tout de même besogneux. Or, il reçut une lettre du gouverneur d'un château du Languedoc, près de Béziers. Ce gouverneur lui disait qu'un bourgeois de cette ville, nommé Esquint de Florian, qui était condamné à mort, avait deman-

* Père Mansuet. *Histoire critique de l'Ordre des Chevaliers du Temple.*

dé à parler au roi, avant de subir sa peine, assurant qu'il avait un secret d'une importance inouïe à lui révéler. Le gouverneur avait fait surseoir à l'exécution.

Poussé par la curiosité, le roi avait fait envoyer Florian à Paris. Florian se jeta à ses pieds et lui demanda la vie en échange du secret, ce qui lui fut accordé.

Et voici ce qu'il révéla :

Florian avait passé des jours dans sa prison en compagnie d'un Templier apostat et comme lui condamné à mort. Ce Templier, sur le point d'être exécuté et ne pouvant obtenir de prêtre s'était confessé à son compagnon. Il lui avait révélé avoir commis, quand il était honnête homme et faisait partie de l'Ordre du Temple, des crimes bien plus grands que ceux qui le menaient à présent à la mort. Ces crimes étaient aussi commis par l'élite de la chevalerie française.

Les Templiers reniaient Jésus-Christ et crachaient trois fois sur la croix au moment de leur réception dans l'Ordre. Ils pratiquaient la sodomie non par plaisir occasionnel mais avec une permission officielle et comme une action louable et recommandée.

Enfin, ils se vouaient, par le rite magique d'une corde qu'on leur faisait ceindre autour des reins, à une étrange idole barbue appelée Baphomet.

On à peine à croire que Philippe le Bel, si peu respectueux pour le pape de l'Eglise qu'il avait récemment fait souffleter par l'entremise de Nogaret, se soit indigné contre l'hérésie et l'adoration de Baphomet ou contre les pratiques de sodomie, si courantes dans ce temps et dans tous les temps. Il est vraisemblable qu'il fut révélé encore quelque chose de l'ambitieux idéal de conquête des Templiers.

Cet idéal, connu seulement du groupe intérieur des grands prieurs, avait dû filtrer, devait se chuchoter comme une légende incertaine et n'eut pas assez de réalité pour figurer dans les accusations du procès. Mais sa connaissance dut faire réfléchir Philippe le Bel sur l'extraordinaire puissance qui s'était constituée dans son royaume et sur laquelle il n'avait aucune autorité. Il dut comprendre tout à coup qu'un immense danger pouvait se dresser devant lui et se dire que s'il détruisait brusquement ce danger par un coup d'audace il s'enrichirait en même temps de l'immense fortune de l'Ordre du Temple. Cette crainte qui ne s'appuya pour lui que sur de vagues témoignages et que rien ne lui prouva formellement est la seule excuse du plus grand crime, après le massacre des Albigeois, que commirent ensemble le pape et le roi de France.

Pour la grande réalisation de l'Ordre, les temps étaient peut-être venus. Les musulmans avaient rejeté les chrétiens de la Palestine et de l'Egypte. À quoi allait s'employer la formidable activité de ces guerriers pour qui combattre était une nécessité vitale ? L'entretien des forts et des possessions de l'Orient dévorait presque tous les revenus de l'Ordre. Avec la cessation de la guerre contre les infidèles, des sommes énormes allaient se trouver disponibles.

Un Templier appelé Roger de Flor, avait pensé que le moment été venu. On venait de le chasser de l'Ordre pour avoir volé une partie de son trésor, au moment de la chute de Saint-Jean-d'Acre et pour avoir abusé des chrétiennes qui s'étaient réfugiées sur sa galère. Il tenta seul, à la tête d'aventuriers espagnols, la fondation d'un royaume méditerranéen. Il échappa aux poursuites du pape et de l'Ordre, gagna une immense fortune et obtint de l'Empereur de Constantinople la main de sa nièce Marie et le titre de César.

Mais Jacques de Molay n'avait pas l'envergure qu'il aurait fallu. Il était sympathique à tous. L'honnêteté et les qualités moyennes dominaient en lui. Cela ne mène pas loin. Un seul indice peut faire supposer que le Temple jugeait le moment venu de jouer sa grande partie en Europe. Quand le pape, d'accord avec Philippe le Bel, mande Jacques de Molay, auprès de lui à Poitiers, il lui recommande de venir incognito, presque seul. Or, Jacques de Molay quitte Chypre où il se trouvait, avec une suite immense, l'élite des chevaliers et le trésor du Temple. Cela peut indiquer qu'il jugeait que le champ d'action de l'Ordre était désormais en Europe et qu'il allait avoir besoin là, de tous ses combattants.

Avec habileté et hypocrisie, Philippe le Bel prodigua à Jacques de Molay et aux Templiers toutes sortes de marque d'amitié et de faveurs. D'autre part, Clément V ne pouvait rien lui refuser. Il avait été élu pape grâce au roi de France. L'opinion fut travaillée et pour la première fois on devait demander à l'université et au peuple d'approuver la décision royale. Mais le caractère même des accusations devait rendre populaire cette sorte de coup d'état. Des bruits couraient depuis longtemps sur des disparitions, des morts mystérieuses de gens qui avaient imprudemment assisté à une cérémonie secrète du Temple.

Les Templiers étaient haïs un peu partout. « Ils étaient », disait-on, « notoirement en rapport avec les Assassins de Syrie. Le peuple remarquait avec effroi l'analogie de leur costume avec celui des sectateurs du Vieux de la Montagne. Ils avaient accueilli le Soudan dans leurs maisons, permis le culte mahométan. Dans leur rivalité furieuse contre les Hospitaliers, ils avaient été jusqu'à lancer des flèches contre le Saint-Sépulcre* ».

On trouvait scandaleux que la cour du grand maître fût plus nombreuse et plus belle que celle des rois. On leur reprochait le caractère occulte des initiations à l'Ordre. On parlait à voix basse de magie, de meurtres rituels d'enfants. Philippe le Bel, allait trouver des auxiliaires dans l'indignation et la haine que cause au peuple tout ce qu'il ne comprend pas.

Dans la nuit du 13 octobre 1306, Jacques de Molay fut arrêté avec les chevaliers qui se trouvaient à Paris. Des ordres avaient été envoyés à l'avance en province pour que tous les Templiers de France fussent emprisonnés en même temps. La torture obtint avec rapidité plus de cent quarante aveux. Mais on ne trouva, en fouillant la maison du Temple, ni les archives de l'Ordre, ni sa véritable et primitive règle, ni le rite des initiations. Jacques de Molay, ému par les bruits qui avaient couru quelques jours auparavant, sur un danger qui menaçait l'Ordre, les avaient fait sortir du Temple et cacher en lieu sûr. On ne les retrouva jamais.

Les Templiers étaient accusés de renoncer à Jésus-Christ et de cracher par trois fois sur la croix au moment où ils prêtaient serment de fidélité. On a épilogue sans fin sur cette accusation et on y a trouvé diverses explications. Celle à laquelle se sont ralliés beaucoup d'esprits sensés et notamment Michelet† est que cette forme de réception était empruntée aux anciens mystères. Pour faire mieux ressortir la parfaite pureté

* Michelet, *Histoire de France*.

† Malgré l'explication qu'il donne, il demeure frappé d'horreur par la grandeur de l'impiété.

de l'initié après l'initiation, l'initié devait se montrer avant comme ayant atteint le dernier degré de l'irréligion. Il reniait Jésus. L'ordre le réhabilitait d'autant mieux que sa chute avait été plus profonde. Au moment du procès des Templiers, le rite était pratiqué mais son sens symbolique était perdu.

Cette explication est un peu enfantine. Comment une action qui devait paraître monstrueuse à des chrétiens leur aurait-elle été demandée sans qu'on leur en donnât la raison, puisque cette raison était tellement simple ? La question devait être posée sans cesse, car l'angoisse du pieux chevalier admis dans l'Ordre et invité à cracher sur ce qu'il avait appris à adorer, devait être profonde. On aurait pu facilement calmer sa conscience et une réponse aussi aisée à comprendre aurait été oubliée !

En réalité, les nombreux chevaliers qui ont déclaré avoir supplié leur initiateur de les dispenser de la cérémonie du reniement de la croix ou qui ont pensé échapper à ses conséquences par une restriction mentale, ne pouvaient en avoir la véritable explication sans connaître en même temps les secrets de l'Ordre. Et ces secrets étaient réservés à une autre initiation, à l'entrée dans l'ordre intérieur.

L'action de cracher sur la croix signifiait la délivrance du Templier vis-à-vis de l'Eglise romaine que désormais il ne servirait plus en esprit. De même que les Assassins, ennemis de l'Islamisme officiel, prescrivaient à leurs disciples des premiers degrés l'observance rigoureuse du Coran, ainsi l'Ordre du Temple enseignait un christianisme rigoureux dans la forme. Mais dans l'esprit, le lien qui unissait chaque membre de l'Ordre à l'Eglise était rompu par la cérémonie initiatique. Il était rattaché à une Eglise plus haute, à un Christ qui ne peut mourir sur la croix et il devait venir un jour, quand il faudrait combattre le pape de Rome et ses évêques, où chacun serait obligé de se souvenir de son initiation comme d'un acte vivant.

Les Templiers étaient, en fait, tellement détachés de l'Eglise catholique qu'ils ne se servaient pas à la messe d'hosties consacrées et qu'ils recevaient la confession de leurs visiteurs et de leurs précepteurs qui souvent étaient laïques.

L'accusation de sodomie pesa aussi lourdement sur eux que celle d'hérésie. Ce n'est pas que durant le moyen âge la sodomie n'ait été très répandue. Elle semble l'avoir été plus qu'en Grèce et même plus que de nos jours, dans la société de Londres, de Berlin et de Paris.

« Dans le VIIIe siècle, au rapport d'Alcuin et probablement dans les siècles suivants, tout évêque élu devait, avant d'être consacré, se justifier sur ces demandes canoniques :

1°- S'il avait été pédéraste ;

2°- S'il avait été en commerce criminel avec une religieuse ;

3°- S'il avait été en commerce criminel « avec une bête à quatre pieds* ».

Et il devait jurer après de ne pratiquer aucun de « ces commerces criminels ! »

Pour qu'un candidat évêque fût interrogé avec insistance sur de telles actions, c'est qu'elles devaient être d'un usage courant ; mais comme de nos jours encore, tout était toléré, permis, encouragé, à la condition que ce fût à voix basse et que l'hypocrisie recouvrît tout de son manteau de cendres.

Un grand nombre de témoins déposèrent qu'au moment de leur entrée dans l'Ordre il leur était recommandé par leur supérieur de s'adonner à la sodomie entre eux et de négliger l'amour des femmes. Cette révélation souleva une grande indignation par le monde mais cette indignation n'est pas tellement justifiée. La chasteté complète était proposée comme un idéal mais cet idéal ne pouvait être réalisé qu'à la longue. La sodomie était un premier pas, une atténuation de l'exaltation des sens. Puis les Templiers étaient surtout des guerriers, des preneurs de châteaux et de villes. L'usage, dans ce temps, était de violer les femmes quand on entrait quelque part en vainqueur. On tuait celles qui résistaient et quelquefois celles qu'on avait eues et dont on s'était lassé. Cet usage était tellement établi qu'il se fonda au XIIe siècle un ordre de chevalerie spécial pour la préservation des femmes pendant les marches des armées et au moment des prises de villes.

Ce fut peut-être dans un but d'économie humaine qu'un sage grand maître de l'Ordre du Temple recommanda la sodomie comme un pis

* 108. Frédéric Nicolaï. *Essai sur les accusations intentées aux Templiers et sur le secret de cet ordre.*

aller du désir charnel.

Il y a dans l'histoire des sectes mystiques des exemples analogues. Ceux qui trouvent la vie matérielle irrémédiablement mauvaise sont logiques en se refusant à la perpétuer. Ils donnent alors un dérivé à leurs sens par des actions rapides qui leur apportent un minimum de plaisir et qui sont dépourvues de conséquences.

Il y eut dans l'Inde, il y a une trentaine d'années, un procès assez retentissant intenté à un philosophe qui donnait des enseignements de même nature. En réalité, la cause de tous les malentendus vient de l'importance démesurée que les religions et les sociétés donnent aux rapports physiques des êtres entre eux. Ces rapports, dont l'intérêt varie avec l'âge et l'intelligence de chacun, ne devraient compter que dans la mesure où ils développent le sentiment de la beauté et l'amour au sens le plus élevé du mot.

Mais un règlement comme celui de l'Ordre du Temple supposait chez ses adhérents le sens de la mesure et un minimum de développement spirituel. Il ne tenait aucun compte de la bassesse des instincts et de l'absence totale des rudiments de spiritualité chez la grande majorité des hommes.

La plupart des Templiers n'y virent que la permission de prendre un plaisir qui était jusqu'alors considéré comme défendu.

Tous les rites de l'Ordre furent altérés !

Le baiser sur les lèvres, donné au candidat au moment de la réception et qui était la communication du souffle, de la force, tel qu'on le pratiquait dans les sociétés secrètes orientales, devint un signe de plaisir. La réception du chevalier fut très souvent le prétexte de scènes caricaturales et obscènes dans lesquelles les défenseurs du Temple et les amoureux de symboles ne peuvent sous aucun prétexte découvrir un sens caché.

Durant les interrogatoires de Cahors, un chevalier appelé Arnaud, rapporta que sitôt après sa réception « où il avait fait et souffert des baisers criminels, le supérieur qui le reçut, avait aussitôt abusé de lui.* »

À Carcassonne, le jeune Jean de Cassagne avoua que « pendant qu'un

* *Histoire de l'abolition de l'Ordre des Templiers*, par le Docteur Hodin, Paris, Chez Belin, 1779.

prêtre de l'Ordre lisait un psaume, le supérieur le baisa à la bouche, se coucha sur le banc où il était assis, qu'ils échangèrent d'autres baisers et que les dix chevaliers le baisèrent au nombril. Puis le supérieur tira d'une boîte une idole de cuivre…»

La troisième accusation avait trait à cette idole. Elle s'appelait Baphomet*. Celle qu'on trouva à Paris avait un numéro d'ordre car il y en avait une dans chaque chapitre du Temple. Elle était en cuivre, avec une longue barbe blanche. On l'a dépeinte diversement car le chevalier ne la voyait, au moment de l'initiation, que quelques instants. On a dit que c'était une sorte de marionnette, qu'elle avait la face d'un chat et aussi qu'elle représentait Satan.

Ces puérilités contribuèrent à donner une base au soupçon d'hérésie qui planait sur le Temple. Les chevaliers furent convaincus dans l'opinion d'adorer une divinité orientale.

En réalité, Baphomet était le signe d'origine gnostique, destiné à résumer la doctrine du Temple et à en rappeler le but. On n'adorait en lui ni la figure de Jupiter, ni celle de Mahomet, comme on le dit et comme on le crut, on adorait la puissance, la force dirigée par l'intelligence qui était l'idéal du Temple et qui fut toujours représentée dans l'ancien symbolisme par un homme barbu portant une couronne. On retrouve cet homme barbu sur les sceaux et les médailles ayant appartenu aux Templiers. Il était pour eux ce que la rose au milieu de la croix, était pour les Rose+croix, le symbole de l'idée supérieure à laquelle ils avaient voué leur vie. La corde de lin que l'on donnait au nouveau chevalier et qu'on lui prescrivait de porter sous son vêtement, devait avoir touché Baphomet parce qu'elle représentait la chaîne qui lie l'homme à son idéal.

LA CHUTE DE L'ORDRE

Je ne raconterai pas en détail le procès intenté contre les Templiers et qui dura sept ans. La torture avait tout de suite arraché à un grand nombre d'entre eux les aveux d'hérésie que l'on attendait. Le grand maître lui-même n'avait su y résister. Ses aveux durent pourtant être falsifiés

* Mot dérivé du grec, dont le sens est « baptême de l'esprit » (Hammer).

par les trois cardinaux qui les entendirent car il ne les reconnut pas, quand on les lui relut et il déclara préférer les procédés des Sarrasins « qui coupent tout de suite la tête à l'accusé ».

Clément V parut d'abord résister devant la grandeur de l'injustice. Mais il était lié par l'intérêt au roi de France. Puis il convoitait la dépouille des Templiers pour satisfaire aux exigences de la belle Brunissende, comtesse de Poix.

Ce qui frappe surtout dans le procès c'est la terreur qu'inspire la justice du roi. Aucune voix n'ose s'élever pour défendre les Templiers. Après deux ans de tergiversations et de supplices préparatoires, une commission pontificale s'installe solennellement à l'archevêché de Paris et y siège chaque jour pour entendre la défense. Chaque jour un huissier paraît sur le seuil de l'archevêché et crie au peuple : « Si quelqu'un veut défendre l'Ordre de la milice du Temple, il n'a qu'à se présenter. » Mais personne ne se présente. Les jours passent. Quatre mois s'écoulent avec le retour de la même cérémonie. Enfin, un homme vêtu de noir traverse le peuple silencieux et demande à être entendu pour la défense de l'Ordre. Un frémissement court dans la foule qui encombre les rues. La commission est debout en grand émoi. L'homme s'appelle Jean de Melot. Il a été Templier pendant dix ans. Il a beaucoup de choses à dire. Il va innocenter l'Ordre. Et comme l'attention est à son comble, il déclare qu'il a besoin de quelque nourriture sur-le-champ, qu'il est fort pauvre et qu'il espère qu'on va lui venir en aide. On s'aperçoit alors que c'est un simple d'esprit. On lui fait donner la nourriture demandée et l'on renonce à entendre une défense quelconque de l'Ordre du Temple.

Cette défense ne devait jamais se produire. Il semble que tous les chevaliers soient devenus des simples d'esprit. Le grand maître lui-même déclare qu'il est un homme de guerre, incapable de discuter logiquement. Après deux années de captivité, il demande huit jours pour réfléchir et l'autorisation d'avoir un chapelain qui lui dise la messe. Peut-être l'épouvante de la torture jetait-elle un voile sur l'esprit des accusés ? Peut-être a-t-on supprimé des interrogatoires toute trace d'intelligence humaine. Ce qui demeure mystérieux dans le procès du Temple est l'incapacité des chevaliers à trouver une défense raisonnable.

Enfin, au bout de sept ans, Clément V nomma un concile pour étudier l'affaire et pour juger. Mais comme les membres du concile demandaient à entendre des témoins, à être au courant de la cause et qu'ils semblaient vouloir innocenter l'Ordre, Clément V, de sa propre autorité, le déclara suspect d'hérésie et l'abolit.

Un grand nombre de chevaliers étaient retenu dans les prisons royales. Philippe le Bel se hâta de faire condamner à mort par un tribunal que présidait l'archevêque de Sens, frère de son ministre Marigny, sur la férocité duquel il pouvait compter, tous les Templiers qui avaient rétracté leurs premiers aveux.

« Près de l'abbaye de Saint-Antoine, on avait allumé quinze ou vingt bûchers, non pas enflammés, mais comme autant de lits de charbons ardents, pour brûler les coupables insensiblement. Cinquante-quatre chevaliers y furent précipités.* »

Le grand maître Jacques de Molay et le maître de Normandie avaient été condamnés à la prison perpétuelle. Mais à la dernière minute, devant l'archevêque de Sens, ils revinrent brusquement sur leurs aveux. Ils déclarèrent que « l'Ordre était pur et saint et qu'ils étaient prêts à mourir pour soutenir cette vérité ».

Ils moururent le jour même. Philippe le Bel les fit conduire dans l'île de la Seine située entre les jardins du roi et les Augustins, où deux bûchers avaient été dressés. Les deux Templiers, dit l'historien « étaient devenus hideux par les suites d'une si longue captivité ». Une foule immense assistait au supplice. Il n'y eut point d'épaisse fumée pour les étouffer, en sorte qu'ils furent brûlés avec lenteur. Comme Jacques de Molay était à moitié consumé, la tradition rapporte qu'il s'écria : « Clément, juge inique, je t'ajourne à comparaître au tribunal de Dieu, d'aujourd'hui en quarante jours. Et toi, roi Philippe, également injuste, dans l'an ».

Quarante jours après, Clément V mourut d'un lupus, près d'Avignon. Le roi de France ne lui survécut que huit mois. Un templier de Beaucaire ayant, au moment où on allait le brûler, rencontré en chemin Nogaret, le conseiller du roi et l'instigateur du procès, lui aurait fixé aussi sa mort prochaine. Florian et le prieur de Montfaucon qui avait dénoncé l'Ordre

* *Histoire de l'abolition de l'Ordre des Templiers.*

après lui, furent assassinés dans l'année.

On vit dans ces coïncidences la preuve de certains pouvoirs de magie qu'on avait prêtés aux Templiers. On ne s'expliqua pas toutefois pourquoi ces pouvoirs ne s'étaient pas manifestés pendant les sept années qu'avait duré le procès. Il y a peut-être une magie inférieure qui ne peut s'exercer que pour la vengeance.

* * *

Une légende du Midi dit que dans l'église du petit village pyrénéen de Gavarnie, neuf têtes de Templiers suppliciés ont été conservées. Chaque treize octobre, jour anniversaire de la chute de l'Ordre, à minuit, une voix retentit dans l'église et dit : « Le jour de délivrer le tombeau du Christ est-il venu ?... » Et les neuf têtes battent de leurs paupières séchées et répondent, comme un souffle, avec leurs lèvres de momies : « Pas encore ! »

La délivrance du tombeau du Christ était à l'origine entendue symboliquement comme la délivrance de l'esprit. Cette légende montre que dans la terre des Albigeois, on avait compris le but de l'Ordre et que même après sa destruction, on ne désespéra pas de la délivrance promise.

Car la bulle du pape ne fit que rendre l'Ordre des Templiers désormais secret. Jacques de Molay dans sa prison avait désigné pour son successeur Jean Marc Larmenie de Jérusalem. Thibaut d'Alexandrie lui succéda et depuis lors, l'Ordre a continué d'exister « et la succession de ses grands maîtres qui compta beaucoup d'hommes illustres et influents n'a jamais été interrompue* ».

De Beaujeu, neveu de Jacques de Molay, avait recueilli ses cendres et possédait les archives et les secrets de l'Ordre. Suivi par quelques Templiers il passa en Ecosse où Edouard II leur avait concédé des terres. Ce petit groupe reconnut comme chef le maître des Francs-Maçons Henry Fitz Edwin et il forma la loge d'Edimbourg. D'autres se rendirent en Suède. Dans les siècles qui suivirent, les Templiers se mêlèrent

* *Les sectes et sociétés secrètes politiques et religieuses. Essai sur leur histoire depuis les temps les plus reculés jusqu'à la Révolution française*, Le Couteulx de Canteleu, Paris Didier, 1863.

à la Franc-Maçonnerie et jouèrent un rôle actif dans son développement. Mais l'étude de ce rôle et son action sur la Révolution Française est un sujet trop vaste pour que je le traite ici. Je ne rapporterai que le dernier trait du drame qui indique, s'il est véritable, que la filiation Templière existait d'une façon vivace parmi les premiers éléments de la Révolution et qu'il y a une parenté directe, de cause et d'effet, entre la mort de Jacques de Molay et celle de Louis XVI.

Au moment où la tête de Louis XVI venait de tomber sous la guillotine, un homme qu'on avait vu dans toutes les manifestations de la rue depuis la prise de la Bastille, se précipita sur l'échafaud, prit dans ses mains du sang royal et faisant le geste de le lancer sur la foule s'écria : « Peuple, je te baptise au nom de Jacques de Molay et de la liberté* ».

Jacques de Molay fut vengé. Peut-être l'Ordre n'avait-il plus d'autre but depuis cinq siècles, que cette vengeance. On ne le revoit plus, depuis lors, que sous une forme affaiblie. Au commencement du XIXe siècle, quelques-uns de ses membres tentèrent de le reconstituer mais d'une manière imparfaite.

Cet essai fut fait avec l'assentiment de Napoléon qui se réservait de tirer le meilleur parti possible de l'Ordre et peut-être d'en devenir le grand maître, quand l'Ordre aurait conquis une importance sociale. Il envoya un régiment d'infanterie faire la haie devant l'église Saint-Paul Saint-Antoine quand, en 1808 une cérémonie funèbre fut célébrée pour l'anniversaire de la mort de Jacques de Molay. Les nouveaux Templiers étaient réunis dans cette cérémonie et ils siégeaient dans l'Eglise sur des trônes. Ils portaient une chlamyde bordée d'hermine et ils avaient des croix pectorales, des épaulettes, des bandelettes, des ceintures à franges, des bottines blanches à talon rouge. Leur premier soin, après la distribution des titres et des dignités, avait été de composer ces somptueux uniformes. C'est hélas la caractéristique de beaucoup de sectes qui prétendent rechercher la vraie spiritualité de croire qu'un initié doit porter un costume d'initié et que le signe de l'élévation de l'esprit est en rapport avec la diversité des symboles, le choix des couleurs et des étoffes. On retrouve la recherche de cette supériorité facile dans les académies,

* Histoire racontée par Eliphas Lévy et reproduite par Stanislas de Guaïta.

les sociétés philharmoniques ou mutualistes et autres groupements où s'exprime la vanité humaine.

Le nouvel Ordre du Temple fut modifié un peu plus tard sous la direction du médecin Fabré Palaprat, qui tenta de restaurer la religion Johannite. Il était en cela dans la véritable tradition Templière de Théoclet et d'Hugues de Payens. Il basait ses croyances sur un mystérieux manuscrit appelé le Leviticon qu'il aurait retrouvé et qui aurait contenu les doctrines secrètes des Templiers du XIIIe siècle. Mais rien ne résulta de son effort, si ce n'est de nouvelles dignités distribuées, de nouveaux uniformes.

L'Ordre du Temple a maintenant disparu et cette disparition marque l'échec complet de ses hautes visées. L'Église de Jean, la véritable Église chrétienne a perdu ses héroïques champions. La délivrance de l'esprit, l'organisation du monde par un groupe de sages initiés, ainsi que l'attestent les neuf têtes mortes, sous la brique et l'ardoise de Gavarnie, ne fut pas et ne sera pas réalisée. Les hommes au manteau blanc qui avaient une croix rouge sur le cœur et qui auraient pu le tenter ont péri dans les prisons royales de Philippe le Bel après avoir été déshonorés par les interrogatoires des dominicains inquisiteurs.

Mais l'Esprit ne pouvait être délivré par les Templiers. Un grand dessein ne peut être accompli par ce qui est fondé sur l'hypocrisie. L'Ordre du Temple enseignait à ses chevaliers les pratiques du catholicisme le plus étroit, comme l'Ordre des Assassins le faisait pour les règles du Coran. L'un et l'autre ordre voulaient pourtant détruire l'Eglise qu'ils vénéraient en apparence, afin d'en élever sur ses débris une autre plus parfaite. Le mensonge n'est jamais solide. Les cavaliers mongols d'Houlagou et la prévoyance de Philippe le Bel vinrent à bout de ces deux grandes forces d'Orient et d'Occident.

Si les Templiers avaient triomphé, l'Histoire aurait été modifiée d'une manière imprévisible. Ils avaient compris la nécessité de l'union des religions. Leurs rapports étroits avec l'Islam et ses philosophes leur avaient enseigné à respecter la civilisation de leurs ennemis et même à l'adopter. Ils embrassaient dans leurs projets sociaux l'élévation du tiers ordre. Qui sait ce qu'auraient pu devenir les états de l'Europe aux mains de cette aristocratie armée ? Peut-être auraient-ils été transformés par un élément de progrès sublime ? Peut-être, et c'est plus vraisemblable, auraient-ils été courbés sous la tyrannie de fer qu'exercent toujours ceux qui possèdent la force.

C'était des chevaliers mystiques de la première Croisade qui avaient, à l'origine, reçu le message. Ils avaient voulu le transmettre par l'épée. Mais les hautes vérités qu'ils avaient apprises à Jérusalem étaient incomplètes. Ils ne savaient pas que le Verbe perd sa vertu avec la vapeur du sang que l'on fait couler pour lui. Il y a une certaine lumière de l'Esprit qui meurt au contact du métal de la cuirasse, de l'acier de l'épée. Et si celui qui veut la transmettre est enveloppé par le magnétisme de l'or, cette lumière devient ombre. Certaines vérités, pour garder leur pureté originelle, ont besoin d'être exprimées par des lèvres d'hommes pauvres, leur signe annonciateur doit être fait avec une main qu'a blanchie l'ascétisme des longues invocations.

Que les corruptions dont on a accusé les Templiers soient vraies ou fausses, que les initiations aient dégénéré dans ces scènes d'amour collectif que l'on retrouve dans tant de sectes mystiques, cela est de peu d'importance. Il importe peu que les yeux de Baphomet aient été des escarboucles lumineuses ou que le reniement du Christ ait affecté telle ou telle forme. Leur vrai crime ne fut pas énoncé au procès. Comment l'aurait-il été ? Il était commis quotidiennement par Philippe le Bel et par Clément V.

Ayant perdu leur premier idéal, les Templiers avaient pris le moyen pour le but. Ces moines exterminateurs devinrent d'âpres banquiers, acquéreurs de châteaux et de villes, prêteurs d'argent, seigneurs de vassaux et de terres domaniales. Que ne gardèrent-ils cette allégresse divine de leurs années de jeunesse, quand ils couraient au bord du lac Tibériade, pour la défense des pèlerins ! Ils étaient si pauvres alors qu'ils n'avaient qu'un cheval pour deux. C'est dans ce temps qu'ils gardaient Jérusalem aux chrétiens. Lorsque chacun d'eux eut plusieurs chevaux caparaçonnés et des écuyers pour les conduire, ils furent expulsés de Saint-Jean-d'Acre. Le secret de leur force fut dans leur courage et leur foi. Mais ils prirent la richesse pour idéal, de même que les Albigeois avaient eu la pauvreté. Eux qui se réclamaient d'un Christ supérieur à celui qu'adorait le vulgaire, ils n'avaient même pas entendu la parabole de l'aiguille et du chameau. Ils crurent que pour accomplir une grande œuvre on pouvait se servir impunément des armes du mal. Aussi, le message fut-il perdu, leur œuvre fut-elle vouée au néant comme toutes celles qui n'ont pas pour principe premier un parfait désintéressement.

NICOLAS FLAMEL
ET LA
PIERRE PHILOSOPHALE

Nicolas Flamel et la Pierre Philosophale

LE LIVRE D'ABRAHAM LE JUIF

La sagesse a des moyens divers pour pénétrer dans le cœur de l'homme. Quelquefois, c'est un prophète qui apparaît et qui se met à parler. Une secte d'hommes mystiques reçoit d'autres fois l'enseignement d'une philosophie, comme une pluie un soir d'été la recueille et la répand avec amour. Il arrive qu'un charlatan fasse des tours pour éblouir et produise, peut-être à son insu, avec ses dés et ses miroirs magiques, un rayon de vraie lumière. La pure vérité des maîtres fut transmise au XIVe siècle par un livre. Ce livre tomba exactement entre les mains de celui qui devait le recevoir et avec le texte et les figures hiéroglyphiques qui enseignaient la transmutation des métaux en or, il opéra la transmutation de son âme, ce qui est une opération plus rare et plus merveilleuse.

Grâce au livre étonnant d'Abraham le Juif, il fut donné à tous les Hermétistes des siècles qui suivirent d'admirer l'exemple d'une vie parfaite, celle de Nicolas Flamel, l'homme qui reçut le livre. Après sa mort ou sa disparition, bien des savants, bien des alchimistes, qui avaient consacré leur existence à la recherche de la pierre philosophale, se désespérèrent de ne pas avoir en leur possession le livre merveilleux où était enfermé le secret de l'or et de la vie éternelle, livre que Nicolas Flamel avait emporté dans sa tombe. Mais leur désespoir était vain. Le secret était devenu vivant. Les formules magiques s'étaient incarnées dans les actes d'un homme. Aucun lingot d'or vierge fondu dans les creusets et les athanors ne pouvait atteindre, par sa couleur et sa pureté, la beauté de la vie pieuse d'un sage libraire.

La vie de Nicolas Flamel n'a rien de légendaire. Il y a à la Bibliothèque nationale des ouvrages copiés de sa main et des ouvrages originaux de lui. On a retrouvé tous les actes officiels de sa vie, contrat de mariage, donations, testament. Son histoire est appuyée solidement sur ces inexorables preuves matérielles que réclament à grands cris les hommes pour croire aux choses les plus évidentes, quand elles renferment un semblant de beauté. Sur cette histoire indiscutablement véridique la légende a ajouté quelques fleurs. Mais partout où montent les fleurs de la légende, il y a dessous le terreau solide de la vérité.

Que Nicolas Flamel soit né à Pontoise ou ailleurs, chose que ses historiens ont recherchée avec une extrême attention, cela me paraît d'une importance nulle. Il suffit de savoir que vers le milieu du XIVe siècle il exerçait la profession de libraire et il avait une boutique adossée au pilier de Saint-Jacques la Boucherie.

C'était un fort petit libraire puisque cette boutique ne mesurait que deux pieds et demi de long sur deux de large.

Cependant il s'agrandit. Il acheta une maison dans l'antique rue de Marivaux et il en fit servir le rez-de-chaussée à son commerce. Là, les copistes copiaient, les enlumineurs enluminaient. Lui-même donnait quelques leçons d'écriture et apprenait à des nobles ignorants l'art de signer autrement qu'avec une croix. Un des copistes ou un des enlumineurs lui servait en même temps de valet de chambre.

Nicolas Flamel se maria. Il épousa Pernelle, une veuve de bonne tournure et sage, un peu plus âgée que lui et qui avait quelque bien.

Chaque homme rencontre une fois dans sa vie la femme avec laquelle il est appelé à vivre dans l'absence d'inquiétude et l'harmonie. Pernelle fut cette femme pour Nicolas Flamel. Outre ses qualités naturelles, elle en avait une autre plus rare. C'est la seule femme, dans l'histoire de l'humanité, qui est susceptible de garder un secret toute sa vie sans le révéler en confidence à tout le monde.

L'histoire de Nicolas Flamel est l'histoire d'un livre. Le secret allait apparaître avec le livre. Ni la mort de ses possesseurs ni les siècles qui s'écouleront ne permettront de le résoudre tout à fait.

Nicolas Flamel avait acquis quelques connaissances dans l'Art Hermétique. L'antique Alchimie des Egyptiens et des Grecs qui était en honneur chez les Arabes avait pénétré grâce à eux dans les pays chrétiens. Nicolas Flamel ne considérait naturellement pas l'Alchimie comme la recherche vulgaire du moyen de faire de l'or. Pour tout esprit élevé, trouver la pierre philosophale, c'était trouver le secret essentiel de la nature, de son unité et de ses lois, posséder la sagesse parfaite. Flamel rêvait de participer à cette sagesse. Son idéal était le plus haut auquel l'homme puisse atteindre. Et il savait que cet idéal pouvait être réalisé au moyen d'un livre. Car le secret de la pierre philosophale avait déjà été trouvé et transcrit sous la forme de symboles. Il existait quelque part. Il était aux mains de sages inconnus qui habitaient on ne savait où. Mais comme il était difficile, pour un petit libraire parisien, d'entrer en rapport avec ces sages !

Ainsi, rien n'a changé depuis le XIVe siècle. De nos jours encore beaucoup d'hommes tendent désespérément leur esprit vers un idéal dont ils connaissent le chemin, mais qu'ils ne sont pas à même de gravir et ils attendent d'une visite merveilleuse ou d'un livre écrit à leur intention, la formule magique qui fera d'eux un être nouveau. Mais la visite n'a pas lieu et le livre n'arrive pas.

Il arriva pour Nicolas Flamel. Peut-être parce qu'un libraire est mieux placé qu'un autre pour recevoir un livre unique, peut-être parce que la puissance de son désir organisa à son insu les événements pour que le livre vînt à son heure.

Il le désirait avec une telle force que la venue du livre fut précédée d'un rêve, ce qui prouve que ce sage et pondéré libraire avait une tendance au mysticisme.

Une nuit, Nicolas Flamel rêva qu'un ange se tenait devant lui. Cet ange, lumineux et ailé comme tous les anges, tenait un livre dans ses mains immatérielles et il prononça ces propres paroles qui devaient rester dans la mémoire de celui qui les entendit.

— « Regarde bien ce livre que voici. Tu n'y comprendras d'abord rien, ni toi, ni bien d'autres, mais tu y verras un jour ce que nul n'y saurait voir ».

Flamel tendit la main pour recevoir le présent de l'ange et tout disparut dans la lumière d'or des songes.

Ce fut à quelque temps de là que le rêve se réalisa partiellement.

Un jour que Nicolas Flamel se trouvait seul dans sa boutique, un inconnu en quête d'argent se présenta avec un manuscrit à vendre. Sans doute fut-il tenté de le recevoir avec une hauteur dédaigneuse, pareille à celle qu'ont les libraires, de nos jours, quand quelque pauvre lettré vient leur offrir d'acheter un morceau de sa bibliothèque. Mais il reconnut d'un coup d'œil le livre de l'ange et il le paya deux florins sans marchander.

Le livre lui apparut, en vérité, resplendissant et animé d'une vertu divine. Il avait une reliure très antique en cuivre travaillé sur laquelle étaient gravés d'étranges figures et certains caractères, les uns grecs, les autres en une langue qu'il ne sut discerner. Les feuillets n'étaient pas de parchemin, comme les ouvrages que Flamel était habitué à copier et à relier. Ils étaient faits d'une écorce de tendres arbrisseaux et recouverts de lettres très nettes gravées avec une pointe de fer. Ces feuillets étaient divisés en groupes de sept, et formaient trois parties séparées par un feuillet sans écriture sur lequel était peint une image au sens incompréhensible. Sur la première page, il était écrit que ce manuscrit avait pour auteur Abraham le Juif, prince, prêtre, lévite, astrologue et philosophe. Et de grandes malédictions et menaces suivaient pour celui qui y jetterait les yeux, s'il n'était sacrificateur ou scribe. Le mot Maranatha souvent répété sur cette page ajoutait, par le mystère de ses syllabes, au caractère redoutable de ce texte et de ces figures. Mais ce qui paraissait le plus impressionnant était l'or patiné des tranches du livre, l'antiquité sacrée qui s'en dégageait, cette inexplicable vertu que cache la nature, quand elle enclôt l'effort vénérable, la pensée laborieuse de l'homme.

Maranatha ? Mais Nicolas Flamel estima qu'étant scribe il pouvait entreprendre la lecture du livre sans trembler. Il sentit que le secret de la vie et de la mort, celui de l'unité de la nature, celui du devoir de l'homme sage, avait été enfermé derrière le symbole des figures et la formule des caractères par un initié mort depuis longtemps. Il n'ignorait pas que c'est une loi inexorable pour les initiés de ne pas révéler la connaissance parce que si elle est bonne et féconde pour les intelligents, elle est mauvaise aux hommes ordinaires. Comme l'a si clairement exprimé Jésus, aucune perle ne doit être donnée en nourriture aux pourceaux.

Il tenait la perle dans ses mains. C'était à lui à s'élever dans l'échelle des êtres pour être digne de comprendre sa pureté. Sans doute, y eut-il dans son âme un hymne de reconnaissance pour cet Abraham le Juif dont il n'avait jamais entendu parler, qui avait médité et peiné dans des siècles passés et dont il devenait l'héritier. Il dut se représenter un vieillard chauve, au nez recourbé, sous la robe misérable de sa race, écrivant dans quelque sombre ghetto, pour que la lumière de sa pensée ne fût pas perdue. Sans doute dut-il faire le serment de pénétrer l'énigme, de rallumer la lumière d'être patient et fidèle comme le Juif, mort dans sa chair et ses os, mais éternellement vivant dans son manuscrit.

Nicolas Flamel avait étudié l'art des transmutations. Il était en rapport avec tous les savants de son temps. On a retrouvé des manuscrits de chimie, notamment celui d'Almasatus, qui faisaient partie de sa bibliothèque personnelle. Il connaissait les symboles dont se servaient habituellement les alchimistes. Mais ceux qu'il vit dans le livre d'Abraham le Juif demeurèrent muets pour lui. En vain recopia-t-il quelques-unes des pages énigmatiques et les exposa-t-il dans sa boutique, avec l'espoir qu'un visiteur versé dans la Kabbale l'aiderait à résoudre le problème. Il ne rencontra que le rire des sceptiques ou l'ignorance des faux savants, exactement comme il les rencontrerait aujourd'hui s'il montrait le livre d'Abraham le Juif soit à des occultistes prétentieux, soit aux membres de l'Académie des inscriptions et belles-lettres.

Il médita vingt et un ans sur le sens caché du livre. C'est bien peu. Il est favorisé, entre les hommes, celui à qui vingt et un ans de méditation suffisent pour trouver la clef de la vie !

LE VOYAGE DE NICOLAS FLAMEL

Il advint qu'au bout de vingt et un ans, Nicolas Flamel avait développé en lui une sagesse assez grande pour résister à cette tempête de lumière qu'est la venue de la vérité dans le cœur de l'homme. Seulement alors, les événements se groupèrent avec harmonie selon sa volonté pour lui permettre de réaliser son désir. Car tout ce qui arrive de bien et de grand pour l'homme est le résultat de la coordination de son effort volontaire et de la destinée malléable.

Personne, à Paris, ne pouvait aider Nicolas Flamel à comprendre le livre. Or, ce livre avait été composé par un Juif et une partie de son texte était écrit en hébreu ancien.

Des persécutions avaient récemment chassé les Juifs de France. Nicolas Flamel savait que beaucoup de ces Juifs avaient émigré en Espagne. Dans les villes comme Malaga et Grenade qui étaient encore sous la domination éclairée des Arabes, il y avait des communautés prospères de Juifs, des synagogues florissantes où se formaient des savants et des médecins. Beaucoup de Juifs des villes chrétiennes d'Espagne, profitant de la tolérance des rois maures, allaient s'instruire à Grenade, y copiaient Aristote et Platon et revenaient ensuite chez eux répandre la science des anciens et celle des maîtres arabes.

Nicolas Flamel pensa qu'en Espagne il pourrait connaître quelque kabbaliste érudit qui lui traduirait le livre d'Abraham. Les voyages étaient difficiles et sans une nombreuse escorte armée, ils n'étaient possibles que pour un pèlerin. Aussi Flamel prétexta un vœu fait à Saint-Jacques-de-Compostelle, patron de sa paroisse. C'était aussi un moyen pour cacher à ses voisins et à ses amis le véritable but de son voyage. La sage et fidèle Pernelle était seule au courant de ses projets. Il revêtit donc l'habit de pèlerin orné de coquilles, il prit le bourdon qui assurait au voyageur une certaine sécurité parmi les chrétiens et il se mit en marche vers la Galicie.

Comme il était prudent et qu'il ne voulait pas exposer le précieux manuscrit d'Abraham aux risques du voyage, il se contenta d'en emporter avec lui quelques feuillets soigneusement copiés et il les cacha dans son modeste bagage.

Nicolas Flamel n'a pas narré les aventures de son voyage. Peut-être n'en eut-il pas, les aventures n'arrivant qu'à ceux qui ont envie d'en avoir. Il a relaté simplement qu'il alla d'abord accomplir son vœu à Saint-Jacques. Il erra ensuite en Espagne, tâchant de se mettre en relation avec des Juifs érudits. Mais ceux-ci étaient méfiants à l'égard des chrétiens et surtout des Français qui les avaient expulsés de leur pays. Puis il avait peu de temps. Il devait penser à Pernelle qui l'attendait et à sa boutique qui n'était gérée que par ses employés. Un homme de plus de cinquante ans qui pour la première fois entreprend un voyage lointain, entend chaque soir avec force la voix silencieuse de son foyer qui le rappelle.

Découragé, il reprit le chemin de France. Comme il traversait la ville de Léon, il s'arrêta pour passer la nuit dans une auberge et il soupa à la même table qu'un marchand français de Boulogne qui voyageait pour ses affaires. Ce marchand lui inspira confiance et il lui glissa quelques mots sur le désir qu'il avait de s'instruire auprès de quelque Juif savant. Heureuse coïncidence ! le marchand de Boulogne était en relation avec un certain maître Canches, vieil homme toujours plongé dans les livres et qui habitait Léon. Rien n'était plus aisé que de faire connaître ce maître Canches à Nicolas Flamel. Celui-ci résolut de tenter une dernière expérience avant de quitter l'Espagne.

J'imagine la beauté de la scène, quand le profane marchand de Boulogne s'est éloigné et que les deux hommes sont face à face. On entend les portes du ghetto qui se referment, Maître Canches ne songe qu'à se débarrasser vivement par quelques paroles polies de ce libraire français qui a éteint son regard et s'est enveloppé de médiocrité, par prudence de voyageur désireux de passer inaperçu. Flamel parle, avec réticence d'abord. Il admire la science des Juifs. Il a lu, grâce à son métier, tant de livres. Enfin, il laisse tomber un nom, timidement, un nom qui jusqu'ici n'a éveillé aucune curiosité chez ses interlocuteurs. Abraham le Juif, prince, prêtre, lévite, astrologue et philosophe. Et voilà que Flamel voit s'allumer les yeux du vieillard débile qu'il a devant lui. Maître Canches connaît l'existence de cet Abraham. Ce fut un grand maître de la race errante, ce fut le plus vénérable peut-être de tous les sages qui étudièrent les mystères de la Kabbale, un initié supérieur, un de ceux qui montent d'autant plus haut qu'ils savent demeurer inconnus. Son livre a existé et a disparu depuis des siècles, mais la tradition dit qu'il n'a pas été détruit, qu'il se transmet de main en main et qu'il parvient toujours à celui qui doit le recevoir. Maître Canches a rêvé toute sa vie de le découvrir. Maintenant il est très vieux, tout près de la mort et voilà que l'espoir auquel il renonçait est près de se réaliser. La nuit passe et une grande lumière se fait autour des deux visages penchés. Maître Canches traduit l'hébreu du temps de Moïse. Il explique des symboles qui viennent de la Chaldée. Comme ils sont redevenus jeunes ces deux hommes qu'anime la foi dans la vérité !

Mais les quelques pages apportées par Flamel sont insuffisantes pour que le secret soit révélé. Maître Canches décide aussitôt d'accompagner

Flamel à Paris. Son extrême vieillesse est un obstacle. Il le bravera. Les Juifs ne sont pas tolérés en France. Il se convertira. Il y a longtemps qu'il s'est placé au-dessus de toute religion. Les deux hommes désormais unis par un indissoluble lien se mettent en marche sur les routes d'Espagne.

La nature a de mystérieuses fatalités. À mesure que Maître Canches se rapprochait de la réalisation de son rêve, sa santé devenait plus chancelante, le souffle de la vie décroissait en lui. « Mon Dieu ! » songeait-il, « donnez-moi les jours nécessaires. Permettez-moi de ne franchir la porte de la mort que lorsque je serai en possession du secret libérateur par lequel l'ombre devient lumière et la chair devient esprit ! »

Mais la prière ne fut pas entendue. La loi qui n'entend pas la prière avait, en vertu de causes lointaines, fixé sans rémission l'heure de la mort du vieillard. Il tomba malade à Orléans et malgré les soins de Flamel, il expira après sept jours. Comme il était converti et qu'il ne fallait pas donner le soupçon d'avoir ramené un Juif en France, Flamel le fit enterrer pieusement dans l'église de Sainte-Croix et il fit dire des messes pour lui, car il pensa justement que l'âme qui avait désiré un but si pur et avait trépassé au moment de l'atteindre, ne pouvait être en repos dans le royaume des âmes sans corps.

Pour lui, il poursuivit sa route. Il retrouva Pernelle, sa librairie, ses copistes, ses manuscrits. Il déposa le bourdon du pèlerin. Mais tout était changé désormais. Ce fut avec un cœur joyeux qu'il accomplit le trajet quotidien de sa maison à sa boutique, qu'il enseigna à écrire aux illettrés et qu'il devisa de Science Hermétique avec les lettrés. Il continua à simuler l'ignorance, en vertu de sa prudence naturelle et avec d'autant plus de facilité que la science était en lui. Ce que lui avait appris Maître Canches en déchiffrant quelques pages du livre d'Abraham le Juif, était suffisant pour lui permettre de comprendre tout le livre de la transmutation. Il passa encore trois années à chercher et à compléter sa connaissance mais au bout de trois années la transmutation était opérée. Ayant appris quelles matières premières il devait amalgamer d'abord et, suivant à la lettre la méthode d'Abraham, il avait changé une demi-livre de mercure en argent d'abord, puis en or vierge. Et il avait opéré la même transformation avec les agents de l'âme. De ses passions mélangées dans un invisible creuset, il avait fait jaillir la substance de l'esprit éternel.

LA PIERRE PHILOSOPHALE

C'est à partir de ce moment que le petit libraire devient riche. Il acquiert des maisons, il dote des églises. Mais il ne se sert pas de cette richesse pour agrandir son bien-être personnel ou obtenir des satisfactions d'amour-propre. Il ne change rien à sa vie modeste. Avec Pernelle qui l'a aidé dans la recherche de la pierre philosophale et qui a réalisé avec lui le grand œuvre, il consacre sa vie à aider ses semblables. « Les deux époux prodiguent des secours aux pauvres, ils fondent des hôpitaux, bâtissent ou réparent des cimetières, font relever le portail de Sainte-Geneviève des Ardents, et dotent rétablissement des Quinze-Vingts, qui en mémoire de ce fait, venaient chaque année à l'Église Saint-Jacques la Boucherie prier pour leur bienfaiteur et ont continué jusqu'en 1789* ».

En même temps qu'il apprenait le moyen de faire de l'or avec n'importe quelle matière, il avait acquis la sagesse de le mépriser avec son esprit. Grâce au livre d'Abraham le Juif il s'était placé au-dessus des satisfactions des sens et des mouvements de ses passions. Il savait que l'homme ne conquiert son immortalité que par la victoire de l'esprit sur la matière, par la purification essentielle, la transmutation de ce qui est humain en ce qui est divin. Il consacra la dernière partie de sa vie à ce que les chrétiens appellent faire leur salut.

Il réalisa ce salut sans macérations et sans ascétisme, en gardant la petite place que le destin lui avait fixée, en continuant à copier des manuscrits, en achetant et en vendant, dans l'étroite boutique de la rue Saint-Jacques la Boucherie. Mais toutes choses s'étaient agrandies pour lui. Aucun mystère n'enveloppait plus le charnier des Innocents, proche de sa maison et sous les arcades duquel il aimait à se promener le soir. S'il en faisait refaire à ses frais les voûtes et les monuments, ce n'était que pour complaire aux usages du temps. Il savait que les morts qu'on y avait couchés n'avaient pas souci de pierres et d'inscriptions et qu'ils reviendraient à leur heure dans des formes différentes, pour se perfectionner

* Louis Figuier.

et mourir à nouveau. Il savait dans quelle mesure minime il pouvait les aider. Il n'était pas tenté de divulguer le secret qui lui avait été confié avec le livre, car il était à même de mesurer l'infime vertu nécessaire à sa possession, à même de savoir que le secret révélé à une âme imparfaite ne faisait qu'aggraver l'imperfection de cette âme.

Et quand, sur un manuscrit, il ajoutait avec un pinceau délicat, du bleu céleste au regard d'un ange, un peu de blancheur dans une aile, aucun sourire n'effleurait son grave visage, car il savait que les images sont utiles aux enfants et que d'ailleurs les belles fictions auxquelles on pense avec un sincère amour deviennent des réalités dans le rêve de la mort.

Possesseur du moyen de faire de l'or, Nicolas Flamel n'en fit que trois fois dans toute sa vie et ce ne fut pas pour lui-même, car il ne changea jamais rien à sa manière de vivre, ce fut seulement pour adoucir les maux qu'il voyait autour de lui. C'est là la pierre de touche qui permet de reconnaître qu'il avait atteint véritablement l'état d'adepte.

Et cette pierre de touche peut être employée avec tous les hommes et dans tous les temps. Il n'y a pour distinguer la supériorité humaine qu'un signe unique, le mépris de la richesse. Si grandes que soient les vertus de l'action, la puissance lumineuse de l'intelligence, si elles sont accompagnées de cet amour de lucre que l'on trouve chez la plupart des hommes éminents, on peut être sûr qu'elles sont entachées de bassesse. Ce qu'elles engendreront avec un hypocrite prétexte de bien portera des germes de pourriture. Seul le désintéressement est créateur. Lui seul peut contribuer à élever l'homme.

La générosité de Flamel éveilla les curiosités et même les jalousies. Il parut extraordinaire qu'un pauvre libraire créât des asiles pour les pauvres et des hôpitaux, fit élever des immeubles avec des loyers à bon marché, des églises et des couvents. Cela vint aux oreilles du roi Charles VI qui chargea le maître des requêtes Cramoisi de faire une enquête à ce sujet. Mais grâce aux qualités de prudence et de réserve de Flamel, le résultat de l'enquête lui fut favorable.

Le reste de la vie de Flamel s'écoula sans histoire. C'est la vie d'un sage. Il va de sa maison de la rue de Marivaux à sa boutique. Il se promène dans le cimetière des Innocents, parce que l'image de la mort lui est agréable. Il touche de beaux parchemins. Il enlumine des missels. Il sourit à Pernelle vieillissante. Il sait que la vie ne donne guère rien de mieux que le calme du travail quotidien et d'une paisible affection.

Pernelle mourut la première. Nicolas Flamel atteignit l'âge de quatre-vingts ans. Il avait passé les dernières années de sa vie à écrire quelques traités d'Alchimie. Il avait réglé avec soin ses affaires et la manière dont on devait l'inhumer, à l'extrémité de la nef de Saint-Jacques de la Boucherie. Il avait fait préparer devant lui la pierre tumulaire que l'on devait placer sur son corps. Il y avait sur cette pierre au milieu de différentes figures, un soleil sculpté au-dessus d'une clé et d'un livre fermé. C'était le symbole de son existence*.

Sa mort, qu'il attendait avec une certaine allégresse, fut aussi mesurée et aussi parfaite que sa vie.

Comme la faiblesse des hommes est aussi utile à considérer que leurs plus belles qualités, il convient de noter celle de Nicolas Flamel.

Ce sage qui n'attachait d'importance qu'à l'immortalité de son âme et méprisait la forme passagère du corps, fut animé en vieillissant d'un étrange goût pour la reproduction sculpturale de son corps et de son visage. Toutes les fois qu'il fait bâtir ou même réparer une église, il demande au sculpteur de le représenter, pieusement agenouillé dans quelque coin du fronton de la façade. Il se fait sculpter deux fois sur une arche du charnier des Innocents, une fois tel qu'il était au temps de sa jeunesse, et une autre fois vieux et cassé. Quand il fit bâtir, rue de Montmorency, dans un faubourg de Paris, une maison nouvelle, appelée la maison du grand pignon, il y a onze saints sur la façade, mais une porte sur le côté est surmontée du portrait de Flamel.

Ainsi, quelque sagesse qu'ait l'homme, si loin qu'il pousse le désir de s'évader de sa forme physique, il ne peut s'empêcher de nourrir un amour secret pour cette forme sans beauté et il tient à ce que son souvenir qu'il déclarait méprisable soit tout de même perpétué dans la pierre.

* La pierre tombale de Flamel se trouve au Musée de Cluny.

HISTOIRE DU LIVRE D'ABRAHAM LE JUIF

Les os des sages reposent rarement en paix dans les tombeaux. Peut-être Nicolas Flamel le savait-il et il pensa défendre sa dépouille en faisant sceller une aussi lourde pierre sur son corps et en faisant faire douze fois l'an un service religieux à son intention. Mais ce fut en vain.

À peine Flamel était-il mort que le bruit de son pouvoir d'alchimiste et d'une énorme quantité d'or qu'il aurait caché quelque part se répandit dans Paris et dans le monde. Tous ceux qui recherchaient la célèbre poudre de projection qui mue en or la matière vinrent rôder autour des lieux qu'il avait habités dans l'espoir de découvrir quelque parcelle de cette précieuse poudre. On disait aussi que les figures symboliques qu'il avait fait représenter sur divers monuments donnaient, pour ceux qui savaient les déchiffrer, la formule de la pierre philosophale. Il n'y eut pas un alchimiste qui ne vînt en pèlerinage étudier sur la pierre de Saint-Jacques la Boucherie ou du charnier des Innocents, la science sacrée. On cassa, la nuit, des sculptures et des inscriptions pour les emporter. On creusa les caves de sa maison et on en sonda les murs. « Vers le milieu du XVIe siècle, un individu, pourvu d'un beau nom et de qualités, imaginaires sans doute, se présenta à la fabrique de Saint-Jacques de la Boucherie. Il déclarait devoir accomplir le vœu d'un ami défunt, pieux alchimiste qui, à son lit de mort, lui avait remis une somme d'argent pour réparer la maison de Flamel. Le chapitre accepta. L'inconnu fit fouiller les caves sous prétexte de raffermir les fondations ; partout où il voyait un hiéroglyphe, il trouvait quelque raison pour faire démolir la muraille à cet endroit. Enfin, déçu, il disparut oubliant de payer les ouvriers* ».

Un frère capucin et un seigneur allemand passèrent pour avoir découvert dans la maison, des fioles de grès pleines d'une poudre rougeâtre qui devait être la poudre de projection. Au XVIIe siècle, les différentes maisons qui avaient appartenu à Flamel étaient nues et dépouillées de leurs ornements et de leurs figures et il n'en restait que les quatre murs.

Mais qu'était devenu le livre d'Abraham le Juif ? Nicolas Flamel avait légué ses papiers et sa bibliothèque à un neveu appelé Perrier qui s'occupait

* Albert Poisson, *Nicolas Flamel*

d'Alchimie et qu'il aimait beaucoup. On ne sait absolument rien de ce Perrier. Sans doute mit-il à profit les enseignements de son oncle et mena-t-il la vie du sage dans cette obscurité bienfaisante chère à Flamel et que celui-ci n'avait pu garder complètement pendant ses derniers jours. Le précieux héritage fut transmis durant deux siècles, de père en fils, sans qu'on en entendît parler. On en retrouve la trace sous Louis XIII. Un des descendants de Flamel, appelé Dubois, qui devait encore avoir entre ses mains une provision de poudre de projection, sortit de la prudente réserve de ses aïeux et s'en servit pour éblouir ses contemporains. Il changea, devant le roi, à l'aide de cette poudre, des balles de plomb en or. Il eut à la suite de cette expérience de fréquentes entrevues avec le cardinal de Richelieu. Celui-ci voulut lui faire donner son secret. Dubois qui possédait la poudre et n'était pas à même de comprendre les manuscrits de Flamel et le livre d'Abraham, ne put rien livrer. Il fut enfermé à Vincennes. On trouva certaines fautes dans son passé qui permirent à Richelieu de le faire condamner à mort et de confisquer ses biens à son profit.

Ce fut au même moment que le procureur du Châtelet, sans doute par ordre de Richelieu, fit mettre saisie sur les immeubles qui avaient appartenu à Flamel et les fit fouiller de fond en comble.

On ne put cacher complètement, bien qu'on l'essaya, la profanation de l'Eglise Saint-Jacques de la Boucherie. Des voleurs s'y introduisirent pendant la nuit, soulevèrent la pierre tombale de Flamel et brisèrent son cercueil. C'est à partir de cette époque que le bruit commença à courir que le cercueil avait été trouvé vide, qu'il n'avait jamais contenu la dépouille de Flamel et que celui-ci était encore vivant.

Cependant, Richelieu était en possession du livre d'Abraham le Juif. Il fait construire un laboratoire dans le château de Rueil et il s'y rend fréquemment, pour feuilleter les manuscrits du maître, chercher à interpréter les hiéroglyphes sacrés, tenter de réaliser le Grand Œuvre. Mais ce qu'un sage comme Flamel n'avait pu comprendre après vingt et un ans de méditation, ne pouvait être accessible à un homme d'État comme Richelieu. La science des mutations de la matière, celle de la vie et de la mort, est plus complexe que l'art de composer des tragédies ou d'administrer un royaume. Les recherches de Richelieu n'aboutirent à rien.

À la mort du cardinal on perd la trace du livre*, ou tout au moins de son texte, car les figures ont souvent été reproduites. Il dut être copié car l'auteur du «Trésor des recherches et antiquités gauloises» fait au XVIIe siècle un voyage à Milan pour aller voir une des copies qui appartenait au seigneur de Cabrières.

Il a maintenant disparu. Peut-être une copie ou l'original lui-même repose-t-il sous la poussière de quelque bibliothèque provinciale, peut-être un sage destin l'enverra-t-il, quand il le faudra, à celui qui aura assez de patience pour le méditer, assez de connaissances pour l'interpréter, assez de sagesse pour ne pas le divulguer.

Mais l'histoire de Flamel qui semblait terminée, trouve au XVIIe siècle un renouveau de mystère.

Louis XIV chargea de mission en Orient un archéologue appelé Paul Lucas, qui devait étudier les antiquités et rapporter ce qu'il pourrait en inscriptions et en documents afin d'aider les modestes efforts scientifiques que l'on faisait en France à cette époque. Un savant devait être alors en même temps un soldat et un aventurier. Paul Lucas réunissait à la fois les qualités de Salomon Reinach et de Casanova. Il fut prisonnier des corsaires barbaresques qui lui volèrent, dit-il, les trésors enlevés par lui à la Grèce et à la Palestine. Le plus précieux apport que fit à la science ce chargé de mission officielle peut se résumer dans l'histoire qu'il raconte dans son « Voyage dans la Turquie » et qu'il publia en 1719. Son récit permet aux esprits remplis de foi de reconstituer une partie de l'histoire du livre d'Abraham le Juif.

Paul Lucas fit connaissance à Brousse d'une sorte de philosophe qui portait le costume turc, parlait couramment presque toutes les langues connues, et faisait, au physique, partie de cette classe d'hommes dont on dit qu'ils n'ont pas d'âge. Grâce à sa culture personnelle, il se lia as-

* Eliphas Levi, avec l'autorité sibylline qui lui est habituelle et qui n'est pas toujours justifiée, déclare, au petit bonheur, sans s'appuyer sur rien que le livre d'Abraham le Juif n'est autre que l'Asch Mezareph, commentaire, du Sepher Jezirah.

sez intimement avec lui et voilà ce qu'il en apprit. Ce philosophe était membre d'un groupe de sept philosophes qui n'avaient aucune patrie particulière et qui voyageaient à travers le monde, n'ayant d'autre but que la recherche de la sagesse et leur propre perfection. Ils se retrouvaient tous les vingt ans dans un lieu fixé à l'avance et qui était cette année-là la ville de Brousse. D'après lui, la vie humaine devait avoir une durée infiniment plus longue que celle que nous lui connaissons et dont la moyenne était mille ans. On pouvait vivre mille années par la connaissance de la pierre philosophale qui était en même temps que la connaissance de la transmutation des métaux, celle de l'élixir de longue vie. Les sages la possédaient et la gardaient pour eux. Il n'y avait en Occident qu'un petit nombre de ces sages. Nicolas Flamel avait été un de ceux-là.

Paul Lucas fut étonné qu'un Turc rencontré par hasard à Brousse fût au courant de l'histoire de Flamel. Il le fut davantage quand ce Turc lui narra de quelle façon le livre d'Abraham le Juif était entré en possession de Flamel, récit dont personne n'avait eu connaissance jusqu'alors.

« Nos sages », lui dit-il, « quoique rares dans le monde, se rencontrent également dans toutes les sectes. Du temps de Flamel en France, il y en avait un de religion juive qui s'était attaché à ne pas perdre de vue les descendants de ses frères réfugiés en France. Il eut le désir de les voir et malgré tout ce que nous fîmes pour le détourner, il se rendit à Paris. Là, il fit connaissance d'un rabbin de sa race qui travaillait au grand œuvre. Notre ami se lia avec lui d'une amitié étroite et lui donna beaucoup d'éclaircissements. Mais quand il voulut repartir, le rabbin, pour s'emparer de ses secrets, par une trahison aussi noire qu'inouïe, le tua et lui prit tous ses papiers. Ce Juif fut arrêté par la suite, tant pour ce crime que pour d'autres dont on le convainquit et il fut brûlé tout vif. La persécution des Juifs commença peu de temps après et vous savez qu'ils furent chassés du royaume. »

Le livre d'Abraham apporté par le sage d'Orient avait été remis à Flamel par quelque dépositaire juif, ignorant de sa valeur et qui voulait s'en débarrasser au moment de quitter Paris. Mais la chose la plus étonnante qu'entendit Paul Lucas, fut l'affirmation par le Turc de Brousse que Flamel était vivant ainsi que Pernelle sa femme. Ayant découvert la pierre philosophale, il avait pu garder la vie sous la forme physique qu'il possédait au moment de sa découverte.

Ses funérailles, les funérailles de Pernelle et le soin minutieux avec lequel il les avait réglées n'avaient été que d'habiles simulacres. Il s'était mis en marche vers l'Inde, la patrie des initiés et il s'y trouvait encore.

Le livre de Paul Lucas eut un grand retentissement quand il parut. Il y avait au XVIIe siècle, comme aujourd'hui, des hommes sensés qui pensaient que toute vérité vient de l'Orient et qu'il existait dans l'Inde des adeptes en possession de pouvoirs infiniment plus grands que ceux que la science nous révèle au jour le jour avec tant de parcimonie. Car cette croyance a existé dans tous les temps.

Nicolas Flamel fut-il un de ces adeptes ?

S'il en fut un, peut-on penser raisonnablement qu'il existait encore trois siècles après sa mort apparente, en vertu d'une étude plus approfondie que celle qui avait été faite jusqu'alors, de la vitalité de l'homme et des moyens de la prolonger ?

Faut-il rapprocher du récit de Paul Lucas une autre légende rapportée par l'abbé Vilain qui dit que Flamel au XVIIe siècle rendit visite à M. Desalleurs, ambassadeur de France auprès de la Porte ?

Chacun, selon son amour du merveilleux, conclura à son gré.

Je crois personnellement, qu'en vertu de la sagesse dont il a toujours fait montre dans sa vie, Nicolas Flamel en possession du grand œuvre, dut être d'autant moins tenté d'échapper à une mort qui n'était pour lui que le passage vers un état meilleur. En obéissant, sans chercher à s'y soustraire, à l'antique et simple règle qui réduit en poussière l'homme, quand la courbe de sa vie est terminée, il donna la preuve d'une sagesse qui, si elle est commune, n'en a pas moins de beauté.

LES ALCHIMISTES ET LES ADEPTES

Il y eut après Nicolas Flamel d'autres adeptes qui furent en possession du secret de la pierre philosophale. Nous ignorons le nom des plus grands car le véritable signe de l'adeptat est de savoir rester ignoré. Il ne nous est parvenu d'eux que ce parfum de vérité que la sagesse laisse après elle. Mais nous connaissons, tout au moins partiellement, la vie de ces demi-adeptes, qui eurent assez de science pour pratiquer la transmutation, qui entrevirent le chemin du divin, mais restèrent trop humains pour ne pas s'abandonner à leurs passions. Ceux-là se servirent du Grand Œuvre dans un but égoïste et comme tout ce qui touche à l'or déchaîne la cupidité et la haine, ils furent entraînés par leur propre folie et ils périrent presque tous d'une façon misérable.

Vers le milieu du XVIe siècle, un homme de loi anglais appelé Talbot, voyageant dans le pays de Galles s'arrêta un soir dans l'auberge d'un petit village des montagnes. Il portait un singulier bonnet qui encadrait son visage jusqu'au menton, bonnet qu'il ne quittait jamais et qui fut décrit toutes les fois que les polices de l'Europe eurent à donner son signalement. Cette étrange coiffure servait à cacher la place de ses oreilles qu'on venait de lui couper à Londres pour le punir d'avoir fait des faux. L'aubergiste de l'auberge où il venait de descendre avait coutume de montrer à ses clients à titre de curiosité, un vieux manuscrit incompréhensible. Il mit ce manuscrit sous les yeux de Talbot. Celui-ci savait les avantages qu'on peut tirer des vieux papiers. Il demanda l'origine de ce manuscrit.

Quelques années auparavant, au moment des guerres de religion, des soldats protestants avaient violé la tombe d'un évêque catholique qui était extrêmement riche de son vivant. Outre les ossements de l'évêque, ils avaient trouvé ce manuscrit et deux boules d'ivoire, une rouge et l'autre blanche. Ils avaient cassé la rouge qui ne contenait qu'une poudre foncée et ils l'avaient jetée. En échange de quelques bouteilles de vin, ils avaient laissé le manuscrit et la boule blanche à l'aubergiste. Les enfants de celui-ci étaient justement en train de jouer avec la boule.

Pris d'un soupçon, Talbot acheta le manuscrit et la boule pour une guinée et comme il avait un ami, le docteur John Dee qui s'occupait de Science Hermétique, il alla lui montrer sa trouvaille. Cet homme instruit reconnut que le manuscrit traitait de la pierre philosophale et de la manière de l'obtenir, mais sous une forme symbolique dont il fallait découvrir le vrai sens. Il ouvrit la boule blanche et il y trouva une poudre qui n'était autre que l'inestimable poudre de projection. Il put, grâce à elle, faire de l'or dès la première expérience, devant Talbot ébloui.

Ebloui, n'est pas assez dire. L'homme ordinaire perd la raison sous l'influence de l'or. Ce métal royal communique avec sa flamme terne une ivresse plus puissante que celle de tous les alcools. Il multiplie dans l'homme les passions basses, le goût de la jouissance physique, l'avarice et la vanité. Possédé par la folie de l'or, Talbot conclut un pacte avec John Dee dont il ne pouvait se passer pour l'opération de la transmutation et comme en Angleterre sa réputation était fort mauvaise et que son bonnet sur son crâne le lui rappelait sans cesse, il se mit à voyager.

Les deux compagnons, unis par la richesse, allèrent en Bohême et en Allemagne. John Dee n'arrivait pas à comprendre le livre de l'évêque catholique mais il savait faire usage de la poudre. Le train de vie qu'ils menaient et les discours de Talbot qui se flattait d'être un adepte et de faire de l'or à son gré, attirèrent autour d'eux un immense mouvement de curiosité, partout où ils passèrent. L'empereur Maximilien II fit venir Talbot et assista, ainsi que toute la cour à une séance de transmutation. Il nomma aussitôt Talbot maréchal de Bohême. Ce qu'il voulait obtenir de lui, c'était, non pas un peu de poudre de projection, mais le secret de sa fabrication. Il fit surveiller Talbot, puis pour que le précieux secret ne lui échappât pas, il le fit emprisonner. Mais Talbot ne pouvait pas révéler un secret qu'il ignorait et de plus la poudre de l'évêque touchait à sa fin.

John Dee qui avait eu la prudence de mesurer son ignorance et de rester obscur s'enfuit en Angleterre où il obtint la protection de la reine Elisabeth. Sans doute le manuscrit sur lequel il peinait resta pour lui muet jusqu'à sa mort car pendant la dernière période de sa vie, il ne vécut que d'une petite pension faite par la reine. Quant à l'orgueilleux Talbot, après avoir tué un de ses gardiens en tentant de s'évader, il mourut dans sa prison.

J'ai raconté cette histoire afin de montrer que le secret de la pierre philosophale n'était pas seulement parvenu à Nicolas Flamel mais que son existence immémoriale, connue de tout temps, avait filtré par des moyens divers et était parvenue aux hommes modernes, pour leur félicité ou leur malheur, selon leur capacité de comprendre et d'aimer leurs semblables.

Nous avons connaissance de beaucoup d'hommes qui ont su faire de l'or. Mais ce n'était là que le premier degré du secret. Le second permettait de guérir les maladies du corps avec le même agent qui servait à la transmutation. Il fallait pour parvenir à ce degré une intelligence plus haute jointe à un désintéressement plus parfait. Le troisième degré n'était accessible qu'à un bien petit nombre d'hommes. De même que les métaux, identiques dans leur nature, subissent, en s'élevant à une température très élevée, une transformation de molécules, de même les éléments passionnels de la nature humaine peuvent subir une élévation de vibrations qui les transforme et les rend spirituels. Dans son troisième sens, le secret de la pierre philosophale permettait à l'âme de l'homme de ne faire qu'un avec l'esprit divin. Les lois de la nature sont semblables pour ce qui est en bas comme pour ce qui est en haut. La nature se modifie selon un idéal. L'or est la perfection de la matière terrestre et c'est pour produire l'or que les minéraux évoluent. Le corps humain est le modèle du règne animal et la forme vivante s'oriente vers son type idéal. L'âme passionnelle s'efforce à travers le philtre des sens de se muer en esprit et de revenir à l'unité divine. Une loi unique régit les mouvements de la nature, diverse dans ses manifestations, mais semblable dans son essence. C'est la découverte de cette loi qu'ont cherchée les alchimistes. S'il y en eut un grand nombre qui découvrit l'agent minéral, un moins grand nombre sut trouver son application plastique au corps humain et quelques rares adeptes seulement eurent connaissance de l'agent essentiel, de la chaleur exaltée de l'âme, qui met les passions en fusion, consume la prison de la forme et permet de pénétrer dans le monde supérieur des intelligences.

Raymond Lulle fit de l'or pour Edouard III, roi d'Angleterre. Georges Ripley donna aux chevaliers de Rhodes, attaqués par les Turcs, cent mille livres d'or alchimique. Gustave Adolphe de Suède fit frapper un nombre énorme de pièces que l'on marqua d'un signe parce qu'elles étaient d'origine hermétique. Elles avaient été fabriquées par un inconnu qui avait la protection du roi chez lequel on trouva quand il mourut une quantité considérable d'or.

En 1580, l'électeur Auguste de Saxe qui était alchimiste laissa une fortune de dix-sept millions de rixdales. La source de la fortune du pape Jean XXII qui résidait à Avignon et qui n'avait que des revenus modiques doit être attribuée à l'Alchimie. Il laissa dans son trésor vingt-cinq millions de florins. Il en est de même pour les quatre-vingt-quatre quintaux d'or que possédait en 1680 Rodolphe II d'Allemagne.

Le savant chimiste Van Helmont, le médecin Helvetius, qui étaient tous les deux sceptiques à l'égard de la pierre philosophale et avaient même publié des ouvrages contre cette chimère pernicieuse, furent convertis à la suite d'une semblable aventure.

Un inconnu se présenta chez eux et leur remit une petite quantité de poudre de projection en leur demandant de ne faire la transmutation que lorsqu'il serait parti et avec des objets préparés par eux, pour éviter toute possibilité de supercherie. Le grain de poudre, remis à Van Helmont était si minime qu'il sourit de sa petitesse. Voyant ce sourire, l'inconnu, qui le lui tendait, souriant aussi, enleva encore la moitié du grain en disant que cela était suffisant pour faire une grosse quantité d'or. L'expérience de Van Helmont réussit, ainsi que celle d'Helvétius et ils devinrent l'un et l'autre des partisans avoués de l'Alchimie*.

Van Helmont était le plus grand chimiste de son temps. Si de nos jours nous n'apprenons pas que Mme Curie a reçu la visite d'un personnage mystérieux venu pour lui remettre un peu de poudre « couleur du pavot sauvage et dont l'odeur rappelle celle du sel marin calciné », c'est peut-être que le secret est perdu, peut-être que les alchimistes, n'étant plus persécutés et brûlés, n'ont plus besoin du jugement favorable des maîtres officiels.

Jusqu'à la fin du XVIIIe siècle, il était d'usage de pendre les alchimistes, revêtus d'une grotesque robe dorée à une potence barbouillée d'or. Ceux qui échappaient à ce supplice étaient la plupart du temps emprisonné par les grands seigneurs ou par les rois qui tâchaient de leur faire faire de l'or ou de leur arracher leur secret en échange de leur liberté. On les laissait mourir de faim dans leur prison. Il arriva qu'on les brûla à petit feu ou qu'on cassa lentement leurs membres dans les tortures. Car lorsqu'il s'agit d'or, toute religion et toute moralité s'effacent, les lois

* Louis Figuier. *L'alchimie et les alchimistes.*

humaines sont abolies.

Ce fut ce qui advint à Alexandre Sethon, celui qu'on a appelé le Cosmopolite. Il avait eu la prudence de se cacher toute sa vie et d'éviter la fréquentation des hommes puissants. C'était un vrai sage. Pourtant, il se maria. Afin de plaire à sa femme qui était belle et jeune, il céda aux avances de l'électeur de Saxe, Christian II, qui l'appelait à sa cour. Ne voulant pas livrer le secret de la pierre philosophai en possession duquel il était depuis longtemps, il fut chaque jour brûlé avec du plomb fondu, battu de verges, déchiré avec des aiguilles jusqu'à la mort.

Michel Sendivogius, Botticher, Paykull passèrent une partie de leur vie en prison. Beaucoup payèrent de leur vie le seul fait d'avoir étudié l'alchimie.

Si un grand nombre de ces chercheurs furent poussés par l'ambition, s'il y eut parmi eux beaucoup de charlatans et d'imposteurs, il y en a beaucoup qui nourrirent un sincère idéal d'élévation morale. De toute façon, leurs travaux, dans le domaine de la physique et de la chimie furent la base solide de ces quelques misérables et fragmentaires connaissances, qu'on appelle la science moderne et qui permettent à tant d'ignorants de s'enorgueillir.

Ces ignorants traitent les alchimistes de rêveurs et de fous, bien que chaque nouvelle découverte de cette infaillible science soit en puissance dans les rêveries et folies des alchimistes. Ce n'est plus un paradoxe, mais une vérité prouvée par les savants officiels eux-mêmes, que les quelques bribes de vérité que possèdent les hommes modernes sont dues aux faux ou vrais adeptes qu'on pendit au moyen âge avec un bonnet d'âne peint en or.

D'ailleurs, ils ne restèrent pas tous en chemin. Tous ne virent pas seulement dans la pierre philosophale le but vulgaire et inutile de fabriquer l'or. Un petit nombre reçut, soit de l'instruction d'un maître, soit du silence des méditations quotidiennes, la vérité supérieure.

Ceux-là furent ceux qui, à force de l'avoir examiné dans leur esprit, comprirent le symbole de la troisième règle essentielle de l'alchimie.

— « Ne te sers que d'un seul vase, d'un seul feu et d'un seul instrument. »

Ils connurent les caractéristiques de l'agent unique, du feu secret, du pouvoir serpentin qui progresse en spirale comme la force de l'univers, « de la grande puissance primitive cachée sous toute matière organique et inorganique », que les Indous appellent Kundalini, qui crée et qui détruit en même temps. Ils mesurèrent que la capacité de création égalait celle de destruction, que le possesseur du secret avait une faculté de mal aussi grande que sa faculté de bien et, de même qu'on ne confie pas un explosif redoutable à un enfant, ils gardèrent pour eux la science sublime ou, s'ils en tracèrent par écrit les données, ils omirent toujours l'élément essentiel, de façon à ce que seul pût comprendre celui qui savait déjà.

De ce nombre furent, au XVIIe siècle, Thomas de Vaughan, qui se fit appeler Philalèthe et Lascaris au XVIIIe siècle. On peut avoir une idée de la hauteur de pensée de Philalèthe par son livre « l'Introïtus », mais Lascaris n'a rien laissé. On sait peu de chose de leur existence. Tous les deux sont errants à travers l'Europe dans le but d'instruire ceux qu'ils jugent dignes de cette instruction. Ils font de l'or fréquemment mais rien que dans des buts déterminés. Ils ne recherchent pas la gloire, même ils la fuient. Ils sont assez sages pour prévoir les persécutions et s'y dérober. Ils n'ont ni demeure fixe, ni famille. Personne ne sait où et quand ils sont morts.

Ils avaient vraisemblablement atteint l'état parfait de dépouillement humain, opéré la transmutation de leur âme. Ils participaient de leur vivant au monde spirituel. Ils avaient régénéré leur être, accompli la tâche de l'homme. Ils étaient deux fois nés. Ils se consacraient à aider leurs semblables et ils le faisaient de la façon la plus utile qui ne consiste pas à guérir les maux du corps ou à améliorer le bien-être physique des hommes. Ils pratiquaient le bien supérieur qui ne peut s'exercer que sur un petit nombre mais qui s'exercera à la longue sur tous. Ils aidaient les esprits les plus élevés à atteindre le but qu'ils venaient eux-mêmes de franchir. Ils les cherchaient au cours de leurs voyages et dans les villes où ils passaient. Ils n'avaient pas d'école et d'enseignement régulier, parce que leur enseignement était à la limite de l'humain et du divin. Mais ils savaient que la parole versée à une certaine heure, dans une certaine âme réalisait un progrès mille fois plus grand que celui qui peut résulter de la connaissance des bibliothèques, de la possession de la science humaine.

Comme nous devons remercier du fond du cœur ces hommes modestes qui ont tenu dans leur main la formule magique qui rend maître du monde, la clef maudite du plaisir et qui l'ont cachée avec autant de soins qu'ils avaient mis à la découvrir ! Car si éblouissante que soit la médaille de lumière, elle a un revers couleur de nuit. Le chemin du bien est le même que celui du mal et quand on a franchi le portique de la connaissance, on a plus d'intelligence mais non plus d'amour. On est même tenté d'en avoir moins. Car avec la connaissance vient l'orgueil, et le désir de défendre un épanouissement de facultés, qu'on croit sublimes, engendre l'égoïsme. Par l'égoïsme on revient au mal qu'on avait voulu fuir. La nature est pleine de pièges et les pièges sont plus nombreux et mieux cachés à mesure qu'on s'élève dans les hiérarchies des êtres.

Les ascètes sont heureux tant que leur ascétisme est en quelque sorte obligatoire, tant qu'ils n'ont pas la possibilité de satisfaire des passions endormies en eux et qu'ils ne connaissent que pour les avoir vues chez les autres. Mais quel drame si la porte de leur cellule en s'ouvrant laissait voir à portée de leur main tout ce qu'ils ont désiré ou auraient pu désirer. Saint Antoine dans son désert n'avait autour de lui que des rêves. Il tendait les bras pour étreindre et s'il ne succombait pas, c'est que les images s'évanouissaient, quand il voulait les saisir. Mais la réalité vivante, tangible presque immédiatement, sous les espèces de l'or, qui procure tout ! Quelle énergie surhumaine il faudrait pour y résister ! C'est ce qu'ont dû mesurer les adeptes en possession de la Triple Vérité Hermétique. Ils ont dû se rappeler ceux d'entre eux qui avaient failli et étaient revenus avec tant d'ardeur en arrière. Et ils ont dû considérer combien illogique en apparence et pleine de tristesse pour l'homme est cette loi qui fait garder l'arbre de la sagesse par un serpent mille fois plus redoutable que l'antique serpent, donneur de pommes, de l'humanité enfant.

SAINT-GERMAIN L'IMMORTEL

Saint-Germain l'Immortel

SON ORIGINE

Un rapport étroit unit l'art suprême du génie à l'art du charlatan. Les mages, les sages, les kabbalistes, les initiateurs des hommes se sont toujours laissés aller à faire des tours, à surprendre, à éblouir. Dès la plus haute antiquité, les plus grands pratiquaient les faux miracles, truquaient les révélations des pythies, agitaient des baguettes magiques et s'efforçaient d'impressionner le vulgaire par l'apparat des mitres et la blancheur des robes d'hiérophantes. Ils escamotaient, usaient de la tromperie des miroirs, annonçaient des éclipses. Ils aimaient à être le sujet des conversations comme les cabotins célèbres ou les courtisanes à la mode. Une vanité égale se retrouve chez les grands poètes, les grands généraux, les hommes d'État. Peut-être est-ce l'inévitable revers du génie ? Peut-être les hommes ne peuvent-ils être instruits sans être étonnés ? Mais beaucoup d'esprits sensés et moyens ne conçoivent la sagesse que sous la forme ennuyeuse du sermon et le sage qu'avec l'apparence d'un clergyman. La pudibonderie, l'hypocrisie et la plus basse servilité à l'égard des rites, des usages, des préjugés doivent être ses vertus quotidiennes. Aussi lorsqu'il advient qu'un vrai grand sage, par jeu, mystifie ses contemporains, suit une femme qui passe, ou lève joyeusement son verre, il est à jamais flétri par l'armée des médiocres à courte vue dont le jugement forme la postérité.

C'est ce qui arriva pour le comte de Saint-Germain. Il avait à un point extrême le goût des bijoux et il mettait de l'ostentation à montrer ceux qu'il possédait. Il en avait une quantité extraordinaire dans une cassette qu'il transportait toujours avec lui. L'importance qu'il attachait aux bijoux était telle que dans les peintures qu'il composait, et qui étaient remarquables, ses personnages en étaient couverts et il avait trouvé des couleurs à ce point vives et étranges que les visages pâlissaient et devenaient insignifiants. Ce reflet des bijoux s'est retourné contre lui et a éclairé toute sa vie d'une fausse lumière.

Ses contemporains ne lui ont pas pardonné cette faiblesse. Ils ne lui ont pas pardonné non plus de présenter durant tout un siècle la même apparence physique d'un homme de quarante à cinquante ans. Il ne paraît pas sérieux de ne pas se conformer strictement aux lois de la nature et il fut qualifié de charlatan parce qu'il possédait un secret qui lui permit de vivre au-delà des limites humaines connues.

Il semble aussi avoir écarté de sa personne cette gravité dont sont revêtus les religieux et les philosophes. Il se plaît avec les jolies femmes de son temps et il recherche leur compagnie. Il aime dîner en ville, bien qu'il ne prenne jamais aucune nourriture en public, à cause des gens qu'il voit et des propos qu'il entend. C'est un aristocrate qui vit avec des princes et même avec des rois, presque sur un pied d'égalité. Il donne des recettes pour effacer les rides ou changer la couleur des cheveux. Il raconte indéfiniment des histoires plaisantes dont le monde fait ses délices. Il résulte des « Souvenirs » du baron de Gleichen qu'il est, à Paris, l'amant d'une jeune fille dans la maison de laquelle il habite, Mlle Lambert, la fille du chevalier Lambert. Et il résulte des mémoires de Grosley qu'il est en Hollande l'amant d'une femme aussi riche et aussi mystérieuse que lui.

Au premier abord, tout cela est mal conciliable avec la haute mission dont il est investi, le rôle mystique qu'il joue parmi les sociétés secrètes d'Allemagne et de France. Mais cette contradiction n'est peut-être qu'apparente. Cet extérieur d'homme du monde était d'abord nécessaire pour la diplomatie secrète à laquelle Louis XV l'employa souvent. Puis nous nous faisons de l'activité d'un maître une conception erronée. Posséder « une opale d'une grosseur monstrueuse, un saphir blanc de la taille d'un œuf, les trésors de la lampe merveilleuse », est un plaisir inoffensif si on a trouvé ces richesses dans l'héritage de sa famille ou si on les a fabriquées grâce à des connaissances exceptionnelles. C'est un bien petit travers de tirer ses manchettes pour faire étinceler les rubis des boutons. Et si Mlle Lambert a sur la galanterie des idées de son siècle, quel reproche peut-on faire au comte de Saint-Germain de s'attarder un soir dans sa chambre pour ouvrir devant elle la mystérieuse cassette aux bijoux et lui faire choisir un de ces diamants qui firent l'admiration de Mme de Pompadour ?

Car le plaisir de la vie ne rabaisse l'homme que par son excès. Il y a peut-être un chemin qui permet d'atteindre dans la joie la spiritualité la plus élevée. D'ailleurs à une certaine hauteur la chaîne des sens n'existe plus, le baiser cesse de brûler, on ne peut plus faire de tort ni à soi-même ni aux autres à cause du pouvoir de transformation qui vous est dévolu.

* * *

« Un homme qui sait tout et qui ne meurt jamais », a dit Voltaire du comte de Saint-Germain. Un homme qui venait on ne sait d'où et qui disparut sans laisser de traces, aurait-il pu ajouter. Le comte de Saint-Germain a volontairement gardé le plus profond mystère sur son origine. C'est vainement que ses contemporains essayèrent de percer ce mystère et c'est vainement que les chefs de police et les ministres des différents pays où il intrigua les hommes se flattèrent d'éclaircir l'énigme de sa naissance. Louis XV dut savoir qui il était car il lui témoignait une amitié qui rendait sa cour jalouse. Il lui avait donné un appartement dans le château de Chambord. Il s'enfermait avec lui et Mme de Pompadour durant des soirées entières et le plaisir qu'il prenait à sa conversation, l'admiration que pouvait lui inspirer l'étendue de ses connaissances, ne peuvent pas expliquer la considération et presque les égards qu'il avait pour lui. Mme du Housset dit dans ses mémoires qu'il parlait de Saint-Germain comme d'un personnage d'illustre naissance. Le landgrave Charles de Hesse Cassel chez lequel il vécut pendant les dernières années où l'histoire peut le suivre devait aussi posséder le secret de sa naissance. Il travaillait l'alchimie avec lui et Saint-Germain le traitait d'égal à égal. C'est à lui que Saint-Germain confia ses papiers, un peu avant sa prétendue mort en 1784. Or, ni Louis XV ni le landgrave de Hesse Cassel n'ont jamais rien révélé de la naissance de Saint-Germain. Le landgrave même a toujours refusé obstinément de donner le moindre détail sur la vie de son mystérieux ami. C'est là une chose extraordinaire.

Saint-Germain était un personnage très célèbre. Dans ce temps où la bonne société était éprise de sciences occultes, de sociétés secrètes et de magie, cet homme, qui passait pour posséder l'élixir de longue vie et pour fabriquer de l'or à son gré, était le sujet d'interminables conversations. Une puissance intérieure d'une force invincible oblige les hommes à parler. On a beau être roi ou landgrave, on est soumis à cette puissance. Et cela d'autant plus fortement que l'on consacre son temps aux femmes. Pour que ces personnages aient résisté à satisfaire la curiosité de maîtresses bien-aimées, il faut leur supposer une force d'âme qu'ils n'avaient pas ou un impérieux motif qui nous échappe.

L'hypothèse la plus répandue est qu'il aurait été le fils naturel de la veuve de Charles II d'Espagne et d'un certain comte Adanero qu'elle aurait connu à Bayonne. Cette reine espagnole était Marie de Neuborg que Victor Hugo prit pour héroïne de Ruy-Blas sans tenir aucun compte de sa véritable personnalité.

Ceux qui étaient hostiles à Saint-Germain disaient qu'il était le fils d'un Juif portugais appelé Aymar et ceux qui le haïssaient, comme pour ajouter un degré à sa déconsidération, le prétendaient fils d'un Juif alsacien appelé Wolff.

Assez récemment, il a été donné de lui une nouvelle généalogie qui est de toutes la plus vraisemblable. Elle provient des théosophes et de Mme Annie Besant. Celle-ci a écrit à plusieurs reprises que le comte de Saint-Germain était un des fils de François II Racokzi, prince de Transylvanie. Les enfants de François Racokzi furent élevés par l'empereur d'Autriche, mais l'un d'eux fut soustrait à sa tutelle. On fit croire qu'il était mort et il fut confié au dernier descendant de la famille des Médicis qui l'éleva en Italie. Il prit le nom de Saint-Germain à cause de la petite ville de San Germano où il avait passé quelques années de son enfance et où son père avait des propriétés. Cela rendrait vraisemblables les souvenirs de terres méridionales et de palais ensoleillés que Saint-Germain se plaisait à évoquer comme le cadre de sa jeunesse. On s'expliquerait la considération que Louis XV lui marquait. Le silence impénétrable qui fut gardé par lui et par ceux auxquels il confia son secret aurait eu pour raison la crainte de l'empereur d'Autriche et de ses vengeances possibles. L'opinion que Saint-Germain et le descendant des Racokzi ne font qu'un est maintenant ancrée dans tout un milieu qui le considère comme un personnage actuel et même vivant encore. Il est vrai que ce milieu a moins souci de vérité historique que de connaissance intuitive et de révélation merveilleuse.

Le comte de Saint-Germain était un homme « de taille moyenne, très robuste, vêtu avec une simplicité magnifique ». Il parlait avec un sans-gêne extrême aux personnages les plus haut placés et il avait une conscience parfaite de sa supériorité. Gleichen raconte ainsi la façon dont il l'a rencontré pour la première fois.

« Il jeta son chapeau et son épée sur le lit de la maîtresse du logis, se plaça dans un fauteuil près du feu et interrompit la conversation en disant à l'homme qui parlait : vous ne savez pas ce que vous dites. Il n'y a que moi qui puisse parler sur cette matière que j'ai épuisée, tout comme la musique que j'ai abandonnée ne pouvant plus aller au-delà. »

À la cour du margrave d'Anspach, alors très âgé, il montre à ce personnage vénérable une lettre de Frédéric II et il lui dit : « connaissez-vous cette écriture et ce cachet ? — Certes, répond le margrave, c'est le cachet de Frédéric II, Eh bien ! Vous ne saurez pas ce qu'il y a dans la lettre et Saint-Germain remet avec gravité la lettre dans sa poche. »

« En musique il exécutait et composait avec une égale facilité et le même succès ». Plusieurs personnes qui l'entendirent jouer du violon ont affirmé qu'il égalait et même qu'il surpassait les plus grands virtuoses de l'époque. Il aurait donc bien atteint comme il le disait la dernière limite possible de cet art.

Un jour, il amène Gleichen chez lui en lui disant : « je suis content de vous et vous méritez que je vous montre une douzaine de tableaux ». « Effectivement, il me tint parole » dit Gleichein, « car les tableaux qu'il me fit voir étaient tous marqués à un coin de singularité ou de perfection qui les rendait plus intéressants que bien des morceaux de la première classe ».

Il semble n'avoir pas excellé dans la poésie. On a conservé de lui un sonnet médiocre et une lettre adressée à Marie-Antoinette et reproduite par la comtesse d'Adhémar et qui contient des prédictions narrées en vers tout à fait mirlitonnesques. Il compose aussi à la demande de Mme de Pompadour un assez pauvre canevas de comédie. Mais la poésie est une grâce légère qui semble être accordée par les puissances qui la distribuent à des êtres imparfaits marqués du signe mobile des passions et la précieuse chanson du verbe ne vient des royaumes inconnus que pour celui qui a peu de sagesse en partage.

Les plus grands talents apparents du comte de Saint-Germain résidaient dans sa connaissance de la chimie. S'il a su fabriquer de l'or, il fut assez avisé pour n'en rien dire. La possession de ce secret pourrait seule expliquer les immenses richesses dont il disposait sans avoir de fortune connue chez aucun banquier. Ce qu'il semble avoir avoué, tout au moins à mots couverts, c'est de savoir faire de gros diamants avec plusieurs petites pierres. On évaluait les diamants qu'il portait à ses jarretières et à ses souliers à plus de deux cent mille livres. Il disait aussi pouvoir à son gré faire grossir les perles et il en avait en sa possession d'une surprenante dimension.

Si tous ses propos à ce sujet n'étaient que hâbleries, ces hâbleries lui coûtaient fort cher car il les appuyait de dons magnifiques. Mme du Hausset raconte qu'un jour où il montrait des bijoux à la reine en sa présence, elle déclara trouver fort jolie une croix de pierres blanches et vertes. Saint-Germain lui en fit négligemment cadeau. Comme Mme du Hausset refusait, la reine, pensant que les pierres étaient fausses, lui fit signe qu'elle pouvait accepter. Mme du Hausset fit ensuite évaluer le bijou qui était vrai et de grande valeur.

Ce qui paraît le plus invraisemblable dans la personnalité de Saint-Germain est son extraordinaire longévité. Le musicien Rameau et Mme de Gergy (avec laquelle d'après les mémoires de Casanova il dîne encore vers 1775) déclarent tous deux qu'ils l'ont rencontré à Venise en 1710, sous le nom de marquis de Montferrat. Tous deux sont unanimes à affirmer qu'il avait alors déjà l'apparence d'un homme entre quarante et cinquante ans. Si leurs souvenirs sont fidèles, ce témoignage met à néant les hypothèses qui veulent que Saint-Germain soit le fils de Marie de Neubourg ou celui de François II Racokzi, car il n'aurait pu avoir en 1710 plus d'une vingtaine d'années. Mme de Gergy dira plus tard à Mme de

Pompadour qu'elle reçut de Saint-Germain, à Venise, un élixir qui lui permit d'avoir très longtemps et sans la moindre altération, l'apparence d'une femme de vingt-cinq ans. Un aussi précieux cadeau ne s'oublie pas. Il est vrai que Saint-Germain questionné par Mme de Pompadour au sujet de sa rencontre avec Mme de Gergy, cinquante ans auparavant, et du don merveilleux qu'il lui aurait fait de son élixir, répond en riant :

— « Cela n'est pas impossible, mais je conviens qu'il est possible que cette dame que je respecte, radote. »

On peut, à ce sujet, faire un rapprochement avec l'offre qu'il fit à Mme de Genlis, encore enfant :

« Quand vous aurez dix-sept ou dix-huit ans, serez-vous bien aise d'être fixée à cet âge-là, du moins pour un grand nombre d'années i Je répondis que j'en serais charmée. Eh bien ! reprit-il très sérieusement, je vous le promets. Et aussitôt il parla d'autre chose. »

Sa grande renommée parisienne va de 1750 à 1760. Tout le monde s'accorde alors à lui trouver l'apparence d'un homme entre quarante et cinquante ans. Il disparaît pendant une quinzaine d'années et quand la comtesse d'Adhémar le revoit en 1775, elle déclare le trouver rajeuni. Il aura encore le même air quand elle le reverra douze ans après.

Le comte de Saint-Germain laissait volontiers entendre que la durée de son existence était beaucoup plus longue qu'on ne pouvait le supposer. Il ne le disait pas positivement. Il procédait par allusions : « Il savait doser le merveilleux de ses récits, suivant la réceptibilité de son auditeur. Quand il racontait à une bête un fait du temps de Charles Quint, il lui confiait tout crûment qu'il y avait assisté et quand il parlait à quelqu'un de moins crédule, il se contentait de peindre les plus petites circonstances, les mines et les gestes des interlocuteurs, jusqu'à la chambre et la place qu'ils occupaient, avec un détail d'une vivacité qui faisait l'impression d'entendre un homme qui y avait réellement été présent. Ces sots de Parisiens, me dit-il un jour, croient que j'ai cinq cents ans et je les confirme dans cette idée puisque je vois que cela leur fait tant de plaisir — ce n'est pas que je ne sois infiniment plus vieux que je ne parais... ».

La légende a prétendu qu'il disait avoir connu Jésus-Christ et assisté au concile de Nicée. Il n'est point allé jusqu'à mépriser à ce point les hommes qu'il fréquentait et à se rire de leur crédulité. Cette légende vient de ce qu'un mystificateur appelé lord Gower imitait dans les salons les personnages connus de son époque et quand il en arrivait à Saint-Germain, il racontait en prenant son allure et sa voix, les entretiens qu'il avait eus avec le fondateur du christianisme sur lequel il portait ce jugement : c'était le meilleur homme du monde mais romanesque et inconsidéré.

Un journal anglais, le London Chronicle, raconta sérieusement, vers 1760, l'histoire suivante : le comte de Saint-Germain avait remis à une dame de sa connaissance qui s'affligeait de vieillir, un flacon de son célèbre élixir de longue vie. La dame enferma le flacon dans un tiroir. Une de ses servantes, qui était d'un certain âge, croyant que le flacon contenait une purge inoffensive, en but le contenu. Le lendemain quand la dame appela sa servante, elle vit paraître une toute jeune fille, presque une enfant ; c'était l'effet de Pélixir. Quelques gouttes de plus et la servante n'aurait répondu à sa maîtresse que par des vagissements.

« Je vous demande si jamais quelqu'un m'a vu manger ou boire » dit Saint-Germain à Grâffer, quand il est de passage à Vienne et quand celui-ci lui offre du vin de Tokay. Tous ceux qui ont connu Saint-Germain sont d'accord pour affirmer que, s'il aime volontiers s'asseoir à table avec une nombreuse société, il ne touche jamais aux plats. La recette qu'il donnait le plus volontiers à ses intimes était une purgation faite de graines de séné. Sa principale nourriture, qu'il préparait lui-même, était un mélange de farine d'avoine.

Faut-il s'étonner tellement de voir que les auteurs des mémoires dépeignent un homme pendant tout un siècle avec le même extérieur physique ? La vie humaine peut avoir une durée infiniment plus longue que celle que nous lui attribuons. C'est le mouvement de nos nerfs, c'est la flamme de notre désir et l'acide de notre crainte qui consomment quotidiennement notre organisme. Celui qui parvient à s'élever au-dessus des passions, à supprimer en lui la colère et la peur de la maladie est susceptible de vaincre l'usure des années et d'atteindre un âge au moins double de celui qu'atteignent les hommes qui meurent de vieillesse. Il n'y a rien d'extraordinaire à ce que le visage de l'homme dépourvu d'angoisse garde sa jeunesse. Il n'y a pas longtemps, un périodique médical de Londres rapporta l'histoire d'une femme qui à 74 ans avait conservé « les traits et l'expression d'une jeune fille de 20 ans, sans rides ni cheveux blancs. Elle était devenue folle à la suite d'un chagrin d'amour et sa folie consistait à revivre l'instant de sa dernière séparation avec celui qu'elle aimait. » Par la conviction d'être jeune, elle était restée jeune. Peut-être une manière intérieure d'envisager le temps, la suppression de l'impatience et de l'attente permettent-elles à un homme très évolué de réduire à un minimum l'usure normale du corps.

Le comte de Saint-Germain prétendait en outre avoir la capacité d'arrêter pendant le sommeil le mécanisme de l'horlogerie humaine. Il supprimait ainsi, presque totalement, la dépense physique qui s'opère à notre insu par le souffle et le mouvement du cœur.

Son activité et la diversité de ses occupations étaient considérables. Il s'occupa de la préparation des couleurs et il fonda même, en Allemagne, une fabrique de feutres pour les chapeaux. Son rôle principal fut celui d'agent secret de politique internationale au service de la France.

Il était devenu pour Louis XV un confident, un conseiller intime, et il fut chargé par ce roi de diverses missions secrètes. Cela lui attira l'inimitié de beaucoup de grands personnages et notamment celle du duc de Choiseul, le ministre des Affaires étrangères. C'est cette inimitié qui le força à partir précipitamment en Angleterre pour éviter d'être enfermé à la Bastille.

Louis XV n'était pas d'accord avec son ministre, au sujet de la politique avec l'Autriche et il voulut négocier la paix à son insu. Il pensa se servir de l'intermédiaire de la Hollande. Saint-Germain fut envoyé à La Haye pour y négocier avec le prince Louis de Brunswick qui s'y trouvait. M. d'Affry, le ministre de France en Hollande fut instruit de cette démarche et se plaignit amèrement à son ministre que des négociations fussent faites par la France sans passer par lui. Le duc de Choiseul sauta sur cette occasion. Il renvoya à M. d'Affry l'ordre de réclamer l'extradition de Saint-Germain, de le faire arrêter par le gouvernement des Pays-Bas et de l'envoyer à Paris. Il informa le roi de sa décision devant les ministres réunis et Louis XV, n'osant pas avouer sa participation à l'affaire, sacrifia son envoyé. Mais Saint-Germain avait été prévenu un peu avant l'arrestation. Il eut le temps de s'enfuir et de s'embarquer pour l'Angleterre. L'aventurier Casanova donne quelques détails sur ce départ. Il était justement dans un hôtel voisin de celui dans lequel était descendu Saint-Germain et il se trouvait embarrassé dans une histoire compliquée de bijoux, d'escrocs, de pères dupés et de jeunes filles amoureuses de lui, comme toutes celles qui forment la trame habituelle de sa vie.

Saint-Germain, d'après les lettres d'Horace Walpole, avait été arrêté à Londres quelques années auparavant à cause de l'énigme de son existence. On avait été obligé de le relâcher parce qu'il n'y avait rien contre lui. Cet Anglais avait conclu que « ce n était pas un gentleman » parce qu'il disait en riant qu'on le prenait pour un espion. Il ne fut pas arrêté une seconde fois. On le retrouve peu de temps après en Russie où il dut jouer un rôle important mais occulte dans la révolution de 1762. Le comte Alexis Orlof le rencontrant quelques années après en Italie dit de lui : « Voilà un homme qui a joué un rôle considérable dans notre révolution » et son frère Grégoire Orlof lui remet spontanément vingt mille sequins, ce qui est un geste assez rare vis-à-vis d'un homme dont on n'a pas reçu d'éminents services. Saint-Germain porte alors un uniforme de général russe et s'appelle Soltikof.

C'est vers cette époque, au commencement du règne de Louis XVI, qu'il revient en France et qu'il voit Marie-Antoinette. La comtesse d'Adhémar a laissé de cette entrevue un récit détaillé*.

C'est à elle que Saint-Germain s'adressa pour parvenir auprès de la reine. Depuis sa fuite il n'avait plus reparu en France mais son souvenir était resté légendaire et Lon savait l'amitié que Louis XV lui avait portée. La comtesse d'Adhémar put donc obtenir aisément un rendez-vous de Marie-Antoinette. En s'y rendant avec lui, elle lui demanda s'il allait de nouveau se fixer à Paris.

— « Un siècle se passera », dit-il, « avant que j'y réapparaisse ».

Une fois en présence de la reine, il parle d'une voix solennelle et il annonce les événements qui se produiront une quinzaine d'années après.

* Récit reproduit dans le *Lotus Bleu* de 1899, par Mme Cooper Oakley.

« La reine pèsera dans sa sagesse ce que je vais lui confier. Le parti encyclopédique désire le pouvoir. Il ne l'obtiendra que par la chute absolue du clergé et pour assurer ce résultat il renversera la monarchie. Ce parti, qui cherche un chef parmi les membres de la famille royale a jeté les yeux sur le duc de Chartres. Ce prince deviendra l'instrument d'hommes qui le sacrifieront quand il aura cessé de leur être utile. Il trouvera l'échafaud au lieu du trône. Les lois ne seront plus longtemps la protection des bons et la terreur des méchants. Ce sont ces derniers qui saisiront le pouvoir avec leurs mains teintées de sang. Ils aboliront la religion catholique, la noblesse, la magistrature ».

« De sorte qu'il ne restera que la royauté », interrompt la reine avec impatience.

« Pas même la royauté, mais une république avide, dont le sceptre sera le couteau de l'exécuteur. »

On voit par ces paroles que Saint-Germain avait des idées tout à fait différentes de celles qui lui sont prêtées par la plupart des auteurs de l'histoire de cette époque qui ont voulu voir en lui un instrument actif du mouvement révolutionnaire. »

Ces prédictions terribles et surprenantes jetèrent le trouble dans l'âme de Marie-Antoinette. Saint-Germain demanda à voir le roi pour lui faire des révélations plus graves, mais il demanda à le voir sans que son ministre Maurepas en soit informé. « Il est mon ennemi », dit-il, « et je le range parmi ceux qui contribueront à la ruine du royaume, non par malice mais par incapacité.

Le roi n'avait pas assez d'autorité pour avoir une entrevue avec quelqu'un sans la présence de son ministre. Il mit Maurepas au courant de l'entretien que Saint-Germain avait eu avec la reine et celui-ci pensa que le mieux était d'enfermer à la Bastille un homme qui avait une vision aussi sombre de l'avenir.

Par courtoisie, il va prévenir chez elle de cette décision la comtesse d'Adhémar. Celle-ci le reçoit dans sa chambre.

« Je connais le coquin mieux que vous », dit-il... « Il sera découvert. Nos policiers ont un flair très fin... Une chose seulement me surprend. Les années ne m'ont pas épargné et la reine déclare que le comte Saint-

Germain a l'apparence d'un homme de quarante ans».

À ce moment l'attention des deux interlocuteurs est détournée par le bruit d'une porte qui se referme. La comtesse d'Adhémar pousse un cri. Le visage de Maurepas s'altère. Saint-Germain est devant eux.

— «Le roi vous a sommé de lui donner un bon avis», dit-il, «et vous ne pensez qu'à maintenir votre autorité en vous opposant à ce que je voie le monarque. Vous perdez la monarchie, car je n'ai qu'un temps limité à donner à la France et ce temps écoulé je ne serai plus revu qu'après trois générations consécutives. Je n'aurai rien à me reprocher quand l'horrible anarchie dévastera la France. Ces calamités, vous ne les verrez pas, mais les avoir préparées sera suffisant pour votre mémoire».

M. de Saint-Germain ayant ainsi parlé sans reprendre haleine, revint vers la porte, la ferma et disparut. Tous les efforts pour le retrouver furent inutiles.

Le flair très fin des policiers de M. de Maurepas ne parvint pas les jours suivants ni plus tard à découvrir ce qu'était devenu le comte de Saint-Germain.

Comme cela venait de lui être prédit, Maurepas ne vit pas les catastrophes qu'il avait en partie préparées. Il mourut en 1781. Le bruit courut en 1784, à Paris, que le comte de Saint-Germain venait de mourir dans le duché de Schleswig, chez le landgrave Charles de Hesse-Cassel. Cette date restera pour les biographes et les historiens la date officielle de sa mort. Mais le mystère qui a entouré le comte de Saint-Germain va devenir, à partir de cet instant, plus grand encore qu'il ne l'a été.

Retiré à Eckenfoern dans le château du landgrave il se prétendait las de l'existence. Il paraissait soucieux et triste. Il se disait affaibli mais il ne voyait aucun médecin et il ne se faisait soigner que par des femmes. On n'a pas de détails sur sa mort, ou plutôt sa prétendue mort. Aucune pierre tombale ne porta son nom à Eckenfoern. On savait qu'il avait laissé tous ses papiers et des documents relatifs à la Franc-Maçonnerie au landgrave de Hesse-Cassel. Celui-ci déclarait de son côté qu'il venait de perdre un ami qui lui était très cher. Mais son attitude était pleine d'équivoque. Il se refusait à donner aucun détail sur son ami et sur ses derniers moments, il détournait la conversation si on parlait de lui. Tout, dans sa conduite, permet de penser qu'il fut le complice d'une mort simulée.

Or, cette mort d'un homme qui, par des témoins dignes de foi, devait avoir au moins un siècle d'âge, ne peut avoir été réelle.

Les documents officiels de la Franc-Maçonnerie disent qu'en 1785 les Maçons français le choisirent comme représentant à la grande convention qui eut lieu cette année-là avec Mesmer, Saint-Martin et Cagliostro. Il fut reçu l'année suivante par l'impératrice de Russie. Enfin, la comtesse d'Adhémar narre longuement une entrevue qu'elle eut avec lui en 1789 après la prise de la Bastille, dans l'église des Récollets.

Il avait le même visage que trente ans auparavant. Il lui dit arriver de la Chine et du Japon, « Là-bas, rien n'est aussi singulier que ce qui se passe ici... Mais je ne peux rien. J'ai les mains liées par plus fort que moi. Il y a des périodes de temps où reculer est possible, d'autres où quand il a prononcé l'arrêt, il faut que l'arrêt s'exécute. »

Et il lui raconte dans leurs grandes lignes tous les événements qui vont se dérouler pendant les années suivantes sans excepter la mort de la reine. « Les Français comme les enfants joueront aux titres, honneurs, cordons. Tout leur sera hochet jusqu'au fourniment de la garde nationale. (Il oubliait qu'il s'habillait parfois lui-même d'un uniforme de général russe). Quelque quarante millions forment aujourd'hui un déficit au nom duquel on fait la révolution. Eh bien ! sous le dictatoriat des philanthropes, des rhéteurs, des beaux diseurs, la dette de l'Etat dépassera plusieurs milliards. »

« J'ai revu M. de Saint-Germain », écrit Mme d'Adhémar en 1821 « et toujours à mon inconcevable surprise, à l'assassinat de la reine, aux approches du 18 Brumaire, le lendemain de la mort de M. le duc d'Enghien, en 1815 dans le mois de janvier et la veille du meurtre de M. le duc de Berry. »

Mme de Genlis dit avoir rencontré le comte de Saint-Germain en 1821 au moment des négociations du traité de Vienne et le comte de Châlons assure qu'il a causé avec lui peu après sur la place Saint-Marc à Venise, où il était ambassadeur. Il y a d'autres témoignages, mais moins probants, de sa survivance. L'anglais Grosley prétend l'avoir vu dans une prison de la Révolution en 93 et quelqu'un a écrit qu'il se tenait parmi la foule qui entourait le tribunal devant lequel comparut la princesse de Lamballe, avant d'être massacrée.

Le comte de Saint-Germain n'est, à coup sûr, pas mort dans le lieu et à la date que l'histoire a fixés. Il a poursuivi une carrière inconnue dont nous ignorons le terme et dont la durée semble si grande que notre imagination se refuse à l'accepter.

LES SOCIÉTÉS SECRÈTES

Beaucoup d'écrivains qui ont étudié la période de la Révolution n'ont pas cru à l'influence du comte de Saint-Germain. En effet, il n'a pas posé de jalons pour la postérité. Il efface même ses traces derrière lui. Il ne laisse pas ces orgueilleuses inscriptions que sont les livres. Il travaille pour l'humanité et non pour lui-même, il est modeste, ce qui est la qualité la plus rare parmi les intelligents. Sa seule vanité est cette inoffensive coquetterie à paraître beaucoup plus vieux que son âge et le plaisir qu'il prend à faire étinceler une bague. Mais on ne juge les hommes que d'après leurs propres déclarations et selon le mérite qu'ils s'attribuent. On n'a parlé que de son âge et de ses bijoux.

Son rôle spirituel fut pourtant considérable. Il a été l'architecte qui a dessiné les plans de l'œuvre et que l'on voit à peine sur le chantier. Seulement, il fut l'architecte que trahirent les ouvriers. Il avait rêvé d'une haute tour qui permettrait à l'homme de communiquer avec le ciel et les ouvriers préférèrent construire des maisons pour manger et dormir.

Ce rôle est exercé sur la Franc-Maçonnerie et sur les sociétés secrètes bien que beaucoup d'autres Maçons modernes l'aient nié et même aient négligé souvent de nommer le grand inspirateur qu'il a été.

À Vienne, il collabora à la fondation de la Société des « Frères Asiatiques » et des « Chevaliers de la Lumière » où l'on étudiait l'Alchimie et ce fut lui qui donna à Mesmer ses idées fondamentales sur le magnétisme et sur ses applications. On dit, et cela semble ne reposer sur rien, qu'il initia Cagliostro et que celui-ci alla plusieurs fois dans le Holstein le retrouver pour recevoir des directives de lui. Ces hommes devaient être emportés très loin l'un de l'autre par des courants opposés et une destinée différente.

La comtesse d'Adhémar cite une lettre qu'elle reçut de Saint-Germain et où il dit en parlant de son voyage à Paris en 1789 : « J'ai voulu voir l'ouvrage qu'a préparé le démon Cagliostro ; il est infernal. » Il semble que Cagliostro a collaboré à la préparation du mouvement révolutionnaire tandis que Saint-Germain a tenté de l'enrayer en développant des idées mystiques parmi les hommes les plus avancés de son époque. Il avait prévu le grand bouleversement de la fin du XVIIIe siècle et il espéra l'orienter dans un sens pacifique en répandant parmi ses futurs promoteurs une philosophie susceptible de les transformer.

Mais il comptait sans la lenteur qu'a l'esprit de l'homme à s'élever et le dégoût qu'il y apporte. Il comptait aussi sans les puissantes réactions de la haine.

De toutes parts surgissaient des sociétés secrètes. L'esprit nouveau se manifestait sous la forme d'associations. La noblesse et le clergé n'échappaient pas à ce qui était devenu une mode.

On créa même des loges de femmes et la princesse de Lamballe fut grande maîtresse de l'une d'elles. Il y avait en Allemagne « les Illuminés » et les « Chevaliers de la Stricte Observance » et Frédéric II en arrivant sur le trône avait fondé la secte des « Architectes d'Afrique ».

En France, l'Ordre des Templiers était reconstitué et la Franc-Maçonnerie, qui avait pour grand maître le duc de Chartres, multipliait ses loges dans toutes les villes. Martinez de Pasqually enseignait sa philosophie à Marseille, à Bordeaux et à Toulouse et Savalette de Lange avec des mystiques tels que Court de Gebelin et Saint-Martin fondait la loge des « Amis réunis. »

Les initiés de ces sectes avaient conscience qu'ils étaient les dépositaires d'un héritage qu'ils ne connaissaient pas, mais dont ils pressentaient la valeur immense et qui était quelque part, peut-être dans des traditions, peut-être dans le livre d'un maître, peut-être en eux-mêmes. On parlait de cette parole révélatrice, de ce trésor caché ; on disait qu'il était gardé par les « supérieurs inconnus » de ces sectes et que ceux-ci leur dévoileraient un jour la richesse qui libère et rend immortel.

C'est cette immortalité de l'esprit que Saint-Germain tenta d'apporter à un petit groupe d'initiés choisis. Il croyait que cette minorité, une fois élevée, en élèverait une autre à son tour et qu'un vaste rayonnement de spiritualité descendrait par degrés, en ondes bienfaisantes, vers les masses moins instruites. C'était le rêve d'un sage. Il ne devait pas se réaliser.

Avec le concours de Savalette de Lange qui en fut le chef nominal il fonda le groupe des Philalèthes qui était recruté parmi l'élite des Amis réunis. Le prince de Hesse, Condorcet, Cagliostro furent membres des Philalèthes. C'est à Ermenonville et à Paris dans la rue Plâtrière que Saint-Germain exposa sa philosophie.

C'était un christianisme platonicien qui unissait les rêveries de Swedenborg à la théorie de la Réintégration de Martinez de Pasqually. On y retrouvait les émanations de Plotin et la hiérarchie des plans successifs que décrivent les théosophes d'aujourd'hui. Il enseignait que l'homme a en lui des possibilités infinies et que, pratiquement, il doit tendre sans cesse à se dégager de la matière pour entrer en communication avec le monde des intelligences supérieures.

Il fut compris de quelques-uns. Les Philalèthes tentèrent en deux grandes réunions successives où étaient représentées toutes les loges maçonniques de France, la réforme de la Maçonnerie. S'ils avaient abouti, s'ils étaient arrivés à diriger par le prestige de leur philosophie supérieure et désintéressée, cette force, alors immense, peut-être les événements auraient-ils changé et le vieux rêve d'un monde dirigé par de sages initiés aurait-il été réalisé.

Il devait en être autrement. D'antiques causes, générées par les injustices accumulées, avaient préparé de redoutables effets. Ces effets allaient à leur tour créer des causes de mal futur. La chaîne du mal, solidement liée par l'égoïsme et la haine des hommes, ne devait pas être interrompue. La lumière levée par quelques visionnaires intelligents, quelques veilleurs fidèles à la cause de leurs frères, allait être éteinte, à peine allumée.

LA LÉGENDE DU MAÎTRE ÉTERNEL

Napoléon III intrigué par ce qu'il avait entendu dire au sujet de la vie mystérieuse du comte de Saint-Germain avait chargé un de ses bibliothécaires de rechercher et de réunir tout ce qui lui était relatif parmi les archives et documents de la fin du XVIIIe siècle. Ce travail avait été fait. Un grand nombre de pièces formant un dossier considérable avaient été déposées dans une bibliothèque de la préfecture de police. La guerre de 1870 survint, puis la Commune, et la partie de la préfecture de police où se trouvait le dossier fut brûlée.

Le hasard venait, une fois de plus, en aide à cette antique loi qui veut que la vie de l'adepte demeure environnée de mystère.

Qu'est devenu le comte de Saint-Germain depuis 1821, date à laquelle on signale encore son existence ?

Un Anglais appelé Vandam, dans ses souvenirs d'un « Anglais à Paris », parle d'un personnage « qu'il connut à la fin du règne de Louis-Philippe et dont la manière de vivre s'apparente curieusement avec celle du comte de Saint-Germain. Il se fait appeler le major Fraser, il vit seul et ne fait aucune allusion à sa famille. Avec cela toujours prodigue de son argent, encore que les sources de sa fortune fussent un mystère pour tout le monde. Il avait une connaissance merveilleuse de tous les pays d'Europe dans tous les temps. Sa mémoire était vraiment incroyable et, chose singulière, souvent il donnait à entendre qu'il en avait pris les éléments ailleurs que dans les livres. Maintes fois il m'a dit, avec un sourire singulier, qu'il était convaincu d'avoir connu Néron, de s'être entretenu avec Dante et ainsi de suite* »

Comme Saint-Germain, il a l'aspect d'un homme de quarante à cinquante ans. Il est de taille moyenne et très robuste. Le bruit court qu'il est le fils illégitime d'un prince de la cour d'Espagne et, comme Saint-Germain, après avoir ébloui quelque temps la société parisienne, il disparaît sans laisser de traces.

Est-ce le même major Fraser qui, en 1825, publia un récit de son voyage dans l'Himalaya et raconta avoir atteint Gangoutri et s'être baigné dans les sources de la Jumna ?

C'est à la fin du XIXe siècle que la légende du comte de Saint-Germain s'est agrandie démesurément. Il avait pu passer, avec raison, à cause de

* Cité par Lang dans « Les mystères de l'Histoire ».

ses connaissances, de la droiture de sa vie, des richesses dont il disposait et du mystère dont il s'enveloppait, pour un héritier des premiers Rose+croix, possesseur de la pierre philosophale. Il fut considéré par les théosophes et par un grand nombre d'occultistes comme un maître de la Grande Loge Blanche de l'Himalaya.

On connaît la légende des Maîtres. Dans des lamaseries inaccessibles du Tibet vivent des hommes très sages, possesseurs des anciens secrets de la civilisation perdue de l'Atlantide. Ils envoient quelquefois vers leurs frères imparfaits, aveuglés par les passions et l'ignorance, des messagers sublimes pour les instruire et les guider. Krishna, le Bouddha, Jésus, furent les plus grands. Mais il y eut bien d'autres messagers plus obscurs. Le comte de Saint-Germain a été reconnu pour l'un d'eux.

C'est, je crois, Mme Blavatsky, qui l'a signalé la première. « Cet élève des hiérophantes hindous et égyptiens, ce savant en science secrète de l'Orient », dit-elle de lui « C'est ainsi que le monde stupide a toujours agi, envers ceux qui, comme Saint-Germain sont revenus à lui après de longues années de réclusion consacrées à l'étude, les mains pleines de trésors de sagesse ésotérique, avec l'espoir de le rendre meilleur, plus sage et plus heureux. »

Entre 1880 et 1900, il fut admis parmi tous les théosophes et ils étaient devenus excessivement nombreux, surtout en Angleterre et en Amérique, que le comte de Saint-Germain vivait encore, qu'il continuait à s'occuper du développement spirituel de l'Occident et que ceux qui collaboraient avec sincérité à ce développement étaient susceptibles de le rencontrer.

Mme Cooper Oakley consacra quelques années de son existence, vers 1900, à la recherche du comte de Saint-Germain. Elle alla même habiter quelque temps aux environs du château de Kolochwar en Transylvanie roumaine où elle pensait le rencontrer, se basant pour cela sur des données qui me sont inconnues, Mais elle ne le rencontra pas.

À ce moment-là, on se forma des idées assez précises sur le nombre et la hiérarchie des Maîtres répandus dans le monde pour guider les pas des hommes. J'ignore sur quelles réalités reposent ces idées séduisantes. Saint-Germain fut appelé le Maître hongrois à cause de sa prédilection pour ce pays et de son incarnation dans un membre de la famille Racokzi.

On sut que le Maître Hilarion* qui avait été l'inspirateur de Plotin et de Porphyre, dicta à Mme Mabel Collins ce petit livre admirable qui s'appelle « l'idylle du Lotus Blanc ». C'est au nom du Maître Hilarion et en se prétendant sa messagère qu'une dame qui se fait appeler l'Étoile bleue vient de fonder, il y a quelques mois en Californie, un groupement intitulé « Le mouvement du Temple ». On sut que le Maître vénitien avait longtemps concentré son pouvoir sur Venise, collaboré à enrichir la bibliothèque de Saint-Marc et guidé les actions de Ludovico Cornaro et de l'alchimiste Gualdi. On sut que Serapis avait animé la Gnose Égyptienne et que le Maître Jésus habitait actuellement un corps physique vivant parmi les Druses du Liban. On sut beaucoup de choses si belles et étonnantes que la vie de celui qui en acquiert la connaissance serait transformée si la faculté de douter s'effaçait en même temps de son esprit.

La documentation sur ces points est fournie par M. Leadbeater† et Mme Annie Besant et je crois qu'elle est obtenue par clairvoyance, ce qui lui enlève une partie de sa valeur. C'est par ces méthodes de clairvoyance que M. Leadbeater put décrire minutieusement un centre initiatique du Tibet où il put voir de près tous les grands adeptes, dans la mesure où cela est possible par de semblables moyens. Il décrit ainsi le comte de Saint-Germain.

« Bien que de taille moyenne, il se tient très droit avec une apparence toute militaire. Ses yeux, grands et marrons sont pleins de tendresse et d'humour, avec l'autorité du pouvoir. Son visage est d'un teint olivâtre. Ses cheveux foncés et coupés courts sont divisés au milieu par une raie et brossés du front vers l'arrière. Souvent il revêt un uniforme de couleur foncée, orné de galons d'or et parfois aussi un magnifique manteau d'officier, rouge, qui accentue encore son allure militaire. »

* « Ce maître était alors connu sous le nom de Jamblique. Il fut l'inspirateur et le guide spirituel de Plotin et de Porphyre », dit M. Lazemby dans l'Œuvre des Maîtres, traduction Jacquemot. Or Jamblique fut l'élève de Porphyre qui lui-même avait été l'élève de Plotin. Je note ceci pour montrer qu'il faut accueillir avec une certaine réserve les affirmations faites sur les Maîtres.

† On peut rapprocher les descriptions faites par M. Leadbeater de certaines visions d'Anne-Catherine Emmerich.

Mais Mme Annie Besant a donné une précision plus décisive. Elle a écrit dans *The Theosophist* de janvier 1912 :

« Le maître [Racokzi] que je vis pour la première fois en 1896, Avenue Road, 19, m'avait dit qu'il existait un tableau de lui et que je trouverais ».

Mme A. Besant connaît donc le comte de Saint-Germain. Elle raconte comment elle a retrouvé le portrait en question à Rome dans la salle du conseil des chevaliers de Malte. Ce portrait est celui du comte von Hompesch grand maître des chevaliers de Malte qui naquit en 1744 et mourut à Montpellier en 1805. Il vécut donc pendant la période la plus historiquement connue de la vie du comte de Saint-Germain. Cela devrait logiquement réduire à néant l'hypothèse que le portrait de l'un peut être aussi celui de l'autre. Le portrait du comte von Hompesch et celui du comte de Saint-Germain ont été reproduits par *The Theosophist* puis par *Le Lotus bleu.* « lin y a pas de doute possible », dit Mme A. Besant, « ainsi qu'on peut le voir en comparant la reproduction donnée ici, photographiée d'après ce tableau, avec la gravure bien connue représentant le comte de Saint-Germain ». Or, en toute sincérité, ayant examiné avec le plus grand soin les deux visages, je ne leur ai trouvé aucun rapport de ressemblance.

Je ne donne ces détails que pour mesurer la part de l'illusion involontaire et les contradictions (peut-être seulement apparentes) de la foi profonde.

Il convient encore de faire un rapprochement suggestif entre ce que Saint-Germain dit à Franz Groeffer*. « Je pars demain soir. Je disparaîtrai de l'Europe et je me rendrai dans la région de l'Himalaya » et l'arrivée au Tibet de ce voyageur européen au commencement du XIXe siècle.

« La confrérie de Khelan était célèbre dans le pays tout entier (le Haut-Tibet) et un des frères les plus renommés était un Européen qui y arriva un jour de l'Occident dans la première partie de ce siècle. Il parlait toutes les langues, y compris le tibétain et connaissait toutes les sciences, nous dit la tradition. Sa sainteté et les phénomènes qu'il produisit firent qu'il fut proclamé Shaberon après quelques années seulement de résidence. Son souvenir est encore vivant aujourd'hui parmi les Tibétains, mais

* Franz Groeffer, *Souvenirs de Vienne.*

son véritable nom n'est connu que des seuls Shaberons*.»

Ce voyageur mystérieux ne pourrait-il être le comte de Saint-Germain?

Mais, même s'il n'est pas revenu, même s'il n'existe plus et s'il faut rejeter dans la légende l'idée que le grand seigneur transylvanien erre encore par le monde avec ses bijoux étincelants, sa tisane de séné et son amour pour les princesses et les reines, on peut dire qu'il a conquis cette immortalité à laquelle il prétendait.

Pour tout un groupe d'hommes chimériques et sincères, le comte de Saint-Germain est plus vivant qu'il ne l'a jamais été. Il en est qui, lorsqu'ils entendent le soir un pas résonner dans l'escalier, pensent que c'est peut-être lui qui vient donner un conseil, apporter une idée philosophique inattendue. Ils ne se préoccupent pas alors de courir ouvrir la porte à cet hôte merveilleux car ces barrières matérielles n'existent pas pour lui. Il en est qui, au moment de s'endormir, sont pénétrés d'un pur bonheur parce qu'ils sont certains que leur esprit dégagé du corps aura toute facilité pour s'entretenir avec le maître dans la brume lumineuse du monde astral.

Le comte de Saint-Germain est toujours présent parmi nous. Il y aura toujours, comme au XVIIIe siècle des docteurs mystérieux, des voyageurs énigmatiques, des porteurs de secrets occultes pour perpétuer sa figure. Les uns se seront baignés dans les sources de la Jumna et les autres montreront un talisman trouvé dans les pyramides. Mais ils ne sont pas nécessaires. Ils diminuent la portée du mystère en lui donnant une forme matérielle. Le comte de Saint-Germain est immortel comme il a rêvé de l'être.

* Blavatsky, *Isis Dévoilée.*

CAGLIOSTRO LE « CHARLATAN »

Cagliostro le « Charlatan »

Cagliostro « devança de beaucoup l'heure marquée par le destin, pénétra plus profondément dans le sanctuaire de la nature et mit en œuvre des forces que, ni les hommes de son temps ni bien des générations encore ne devaient connaître et employer* ». Il fut un des hommes les plus extraordinairement doués dans la science magique, un maître dans l'art des transmutations, un étonnant prophète par le moyen des carafes et des jeunes filles vierges. Il changea du mercure en argent et de l'argent en or. Il pratiqua gratuitement la médecine, donna généreusement les remèdes à des milliers de malades et même il logea et il nourrit à ses frais un bon nombre de ceux qui étaient pauvres. Il devina avec aisance les numéros des loteries et les indiqua à quelques personnes privilégiées ; il pardonna les offenses avec une générosité sans exemple et même il intercéda personnellement pour ses pires ennemis. Il ouvrit largement sa porte aux humbles et il se montra d'un accès difficile avec les puissants. Il fut noble, désintéressé, magnanime. Il eut sur les événements et sur la nature humaine une vue plus large qu'aucun autre homme de son temps et l'on comprend que ses disciples l'aient appelé le divin Cagliostro.

Pourtant nul, plus que le divin Cagliostro, ne fut plus haï, plus trahi, plus méprisé. Volé à Londres il est arrêté comme escroc. À Paris, il est mêlé à l'affaire du Collier où il n'avait joué aucun rôle et il est enfermé pendant des mois à la Bastille. À Rome, vendu par sa femme qu'il n'a jamais cessé d'aimer d'un amour passionné, il est emprisonné par l'Inquisition, torturé, condamné à mort, et, ce qui peut-être est pire, cette Inquisition suscite le jésuite Marcello qui publie sous le nom de « Vie de Joseph Balsamo » un extraordinaire monument de haine et de calomnie sur lequel la postérité ignorante l'a jugé depuis un siècle et demi.

Quelle est la raison de cette destinée incompréhensible ?

* *Le Maître inconnu, Cagliostro. Etude historique et critique sur la haute Magie*, Dr Marc Haven, Paris, 1912.

C'est que jamais dans le cœur d'aucun homme n'ont été réunis autant d'éléments contradictoires. Ses paroles sont souvent admirables mais elles sont quelquefois ridicules. Quand on lui demande « Qui êtes-vous i » dans le procès du collier, il répond : « je suis un noble voyageur ». Il ne sait pas flatter mais il aime qu'on le flatte et son orgueil est démesuré. « Je ne suis pas né de la chair et de la volonté de L'homme, je suis né de l'esprit », dit-il. Il adore sa femme mais il la trompe, il s'excuse en disant que la supériorité de l'homme ne consiste pas dans le fait de vivre comme un capucin, et il la pousse fréquemment à être la maîtresse d'autres hommes. Il s'habille avec simplicité, mais il revêt en Russie un uniforme de colonel espagnol et le chargé d'affaires d'Espagne fait paraître dans un journal une note où il déclare que l'Espagne n'a jamais eu dans ses armées un colonel du nom de Cagliostro. Il fait apparaître des visages d'anges dans la transparence du cristal et aussi des scènes prophétiques de l'avenir. Il se sert pour cela d'enfants revêtus de robes blanches, mais il a besoin de frapper le front des enfants avec une épée nue et parfois il fait la leçon aux enfants et il leur décrit d'avance les tableaux qu'ils doivent apercevoir quand il invoquera son génie tutélaire. Quand il donne des séances, il y a des têtes de mort, des singes empaillés et des serpents dans des bocaux disposés sur un autel*. Les rites de la Maçonnerie égyptienne qu'il a fondée attestent la plus haute élévation de l'esprit et une religion supérieure à toute religion. Mais se trouvant à Trente auprès d'un prince évêque bigot dont il veut obtenir des lettres de recommandation, il se confesse, il va communier et en rentrant chez lui après s'être confessé, il dit à Lorenza : « J'ai bien attrapé ce prêtre ». Il guérit la plupart des malades qu'il traite, mais son élixir de vie à base de vin de Malvoisie n'est qu'un aphrodisiaque produit par la distillation du sperme de certains animaux avec certaines herbes†. Il parle couramment plusieurs langues, mais il ne s'exprime correctement dans aucune, même dans sa langue maternelle qui est l'italien. Il prétend avoir été élevé à La Mecque et il fait des citations en arabe devant ceux qui ne le parlent pas, mais quand, une fois, il est interpellé dans cette langue,

* Antonio Benedetti, *Mémoires*.

† Eliphas Lévy prétendait en avoir la recette.

il ne répond pas et il semble fort ennuyé.

La constante dualité de sa vie se manifeste d'une autre manière. Il s'appelle Joseph Balsamo pendant la première partie de son existence et Joseph Balsamo est escroc, faussaire, joueur de tours et tire complaisamment profit des amours de sa femme Lorenza. À partir de 1777, il s'appelle le comte de Cagliostro et un merveilleux génie est descendu en lui. Il est riche et il distribue l'argent à pleine main, il est médecin, ce qu'il n'était pas auparavant et il guérit de manière à faire crier au miracle, il est philosophe et il rêve la régénération physique et morale de l'homme.

Que s'est-il passé ? D'où lui viennent ces pouvoirs extraordinaires, ses connaissances médicales, sa supériorité indiscutable qui éblouit ceux qui l'approchent ? On croirait que c'est un autre homme. C'est le même pourtant.

Cagliostro ne peut renier Joseph Balsamo, bien qu'il le tente pourtant à Paris dans sa défense pour l'affaire du Collier, où il se donne puérilement comme le fils naturel d'une princesse de Trébizonde, élevé princièrement dans une cour des mille et une nuits. Un lien solide, une chaîne charnelle joint l'aventurier Balsamo au maître Cagliostro. C'est sa femme Lorenza qu'il a épousée à Rome quand il était Balsamo et qu'il continue à aimer quand il est Cagliostro. C'est en vain qu'il aura une vie de parfait désintéressement et que dominera l'amour de l'humanité. Il sera suivi par son passé. L'homme ancien demeurera le compagnon de l'homme nouveau et étendra une ombre sur l'éclat de ses actions.

Mais l'énigme de cette double personnalité n'a pas reçu de solution.

Je ne raconterai pas l'histoire de Cagliostro, bien qu'elle mérite de l'être, et je n'évoque son visage au double aspect que « parce qu'on ne peut parler du comte de Saint-Germain sans parler de lui,» On les a souvent confondus et l'on a prêté à l'un des traits de la vie de l'autre, bien qu'entre l'adepte aux bijoux et le magicien amoureux de Lorenza il n'y ait que des rapports très éloignés. Ils ont appartenu chacun d'un côté différent à ces deux courants opposés qui ont partagé les sociétés secrètes de la fin du XVIIIe siècle, qui se sont neutralisés et qui ont abouti à la lutte de la Convention et des Jacobins.

Cagliostro n'apporte pas de message comme il le prétend avec tant d'orgueil. « Un jour, j'eus la grâce d'être admis comme Moïse devant l'Eternel. » Mais il est un de ces porteurs de vérités, de ces libres initiateurs que l'Église catholique s'est donné la tâche de torturer et de brûler au cours des siècles.

S'il vit avec netteté dans une carafe la chute de la Bastille quelques mois avant qu'elle n'eut lieu, il ne sut pas voir dans les yeux de sa femme Lorenza la trahison qui allait le livrer au tribunal de l'Inquisition. S'il charma et éblouit le grand maître de Malte, Pinto, le cardinal de Rohan et tant d'autres, il ne sut pas parler de Dieu comme il fallait aux cardinaux réunis pour le juger et au pape tapi dans le tribunal derrière un grillage pour contempler sur sa face de prisonnier l'hydre de la franc-maçonnerie.

Il ne fut qu'un maître incomplet, un homme partagé entre l'aspiration au divin, la jonglerie du charlatan et la possession d'un corps de femme. Mais par sa mort du moins, il s'est égalé aux plus grands. Il a été condamné à la même flamme que Giordano Bruno. S'il n'est pas monté sur le bûcher, c'est que le Pape Pie VI qui avait personnellement ordonné qu'on lui mît un collier et des menottes en fer, commua sa peine en celle de la prison perpétuelle, pour que sa torture fût plus longue et la formule du jugement ajoutait « sans espoir de grâce ».

Sans espoir de grâce, sous la cagoule du pénitent, pieds nus, un cierge à la main, il défila dans les rues de Rome entre deux rangées de moines, pour demander pardon à Dieu de ses fautes.

Sans espoir de grâce, il fut descendu dans un cachot souterrain de la Forteresse San Léo. Mais ses impitoyables bourreaux ecclésiastiques avec leur absence de pitié lui ont donné la grandeur qu'il avait entrevue mais n'avait pas atteinte de son vivant.

Sans espoir de grâce, il est mort dans sa prison où les Français arrivèrent trop tard pour le délivrer en 1797*.

Maintenant, son vrai rôle, avec le recul du temps, est enveloppé d'obscurité. Mais les mauvais juges qui ont toujours voué à la mort les initiés et les sages apportent du moins à sa gloire le témoignage de leur torture et de leur injustice.

* Borowski, *Cagliostro*.

MADAME BLAVATSKY
ET LES
THÉOSOPHES

Madame Blavatsky et les Théosophes

LES MAITRES ET LE CHOIX DU MESSAGER

Quand Jacob Bœhme était tout enfant, un jour qu'il se trouvait seul dans la boutique de cordonnier de son père, un homme inconnu entra pour acheter des souliers. Il le regarda profondément dans les yeux et il lui dit avec gravité : « Jacob, tu étonneras plus tard le monde par ta parole. Tu auras à souffrir beaucoup de misères et de persécutions, mais sois tranquille et ferme car tu es aimé de Dieu et il a pitié de toi. »

De même Helena Petrovna Blavatsky, assise dans les salles silencieuses du château des Fadeev où s'écoulèrent les années de son enfance, voyait quelquefois auprès d'elle une ombre, une image protectrice d'homme qui lui souriait bienveillamment et dont elle sentait sur elle l'influence. Cette forme aurait pu lui dire aussi : « Tu auras à souffrir beaucoup de misères et de persécutions. » Car il y a des êtres marqués à l'avance. Ceux qui sont chargés d'apporter aux hommes une révélation, une parole libératrice des plus hautes facultés de l'âme, ne peuvent le faire qu'au prix de la haine de leurs semblables. Ils doivent subir misère et persécution. Mais ils appartiennent à une sorte de chaîne fraternelle et ils ont autour d'eux, dès leur enfance, des signes annonciateurs.

Heureux l'enfant à qui est promise une vie douloureuse par un grave visage, fugitif comme un songe, l'enfant à qui un visiteur inconnu dit : « Sois tranquille et ferme car tu es aimé de Dieu. »

H. P. Blavatsky est le plus direct des messagers de l'Orient venus à notre connaissance. Tsong Ka Pa, le grand sage de l'Inde et le réformateur du Bouddhisme rappela au XIVe siècle aux hommes instruits des grands plateaux Tibétains et des montagnes Himalayennes la prescription d'une très ancienne loi. Cette loi concernait la balance des deux principes opposés et également vrais : La vérité doit être gardée secrète. La vérité doit être divulguée. Car si l'homme meurt éternellement de son ignorance, une connaissance précocement donnée lui est aussi fatale que la lumière à celui qui a longtemps séjourné dans l'obscurité. Tsong Ka Pa rappela qu'à chaque fin de siècle une tentative devait être faite pour instruire les hommes d'Occident uniquement soucieux de puissance et de bien-être. Et depuis, un effort fut fait pour que la lumière fût répandue, qu'un message fût envoyé.

Dans la lamaserie de Ghalaring Tcho, près de Tzigatzi, sur les confins de la Chine et du Tibet, des hommes très spiritualisés par les méditations, des ascètes philosophes, qui dans la hiérarchie humaine sont plus élevés que nous par leur science et par leur bonté, délibérèrent pour savoir par quel intermédiaire le message serait envoyé aux peuples incrédules et orgueilleux. De ce que nous pouvons savoir de cette délibération, il résulte que d'un avis presque unanime, on était sur le point de renoncer à cette tentative. L'Occident n'avait-il pas perdu toute possibilité de recevoir et de comprendre la vraie et antique doctrine ? A quoi bon envoyer le message à ceux qui ne voulaient pas le recevoir ?

Deux voix s'élevèrent pourtant en faveur de l'obéissance à la prescription de Tsong Ka Pa. Ce furent celles de deux Hindous, Morya, un descendant des princes du Pendjab ; Koot Houmi, né dans le Cachemire. Ils prirent sous leur responsabilité la tâche d'envoyer en Occident quelqu'un qui répandrait la philosophie brahmanique, dévoilerait la partie des mystères sur la nature et sur l'homme qu'il semblait opportun de dévoiler.

Et ce fut H. P. Blavatsky qu'ils choisirent. Pourquoi elle plutôt qu'un homme plus qualifié, par la pondération, le pouvoir persuasif, l'ordre intellectuel et l'absence de passion, qualités qui firent toujours défaut à H. P. Blavatsky ? Ceci touche à une réalité humaine qui, malgré sa simplicité, est repoussée par les esprits sensés de nos races avec un sourire de mépris. Nous naissons avec un long passé. C'est ce passé qui détermine les conditions et les événements de notre vie que nous voulons attribuer à cette ombre qu'est le hasard, ce fantôme qu'est le libre arbitre. C'est en vertu de ce passé qu'H. P. Blavatsky était liée à Morya. Elle fut choisie pour ses dons extraordinaires de médium, les facultés supranormales qu'elle manifesta dès son enfance, la facilité que Morya et Koot Houmi purent avoir de communiquer avec elle à distance par la télégraphie de la pensée. Et elle fut choisie encore pour sa foi désintéressée, son amour sans fin de la connaissance, cette ardeur mystérieuse qui pousse certains êtres à lever toujours plus haut, devraient-ils en mourir, au milieu des ténèbres que la nature s'est plue à amonceler sur nous, la lampe vivante de leur intelligence.

* * *

Si l'existence des Maîtres est aux Indes, au Tibet et en Chine, considérée comme indiscutable, il n'y a en Europe qu'une minorité qui y ajoute foi et encore cette minorité est-elle considérée comme peu sérieuse par la moyenne des gens cultivés. Cela tient à ce que l'on ne peut avoir sur les Maîtres aucune donnée positive, qu'aucune preuve matérielle ne peut être fournie de leur existence. Cette preuve pourrait pourtant être trouvée aisément, mais il faudrait la chercher et la méthode à employer pour cela paraîtrait surprenante. Il est plus commode de nier. Puis l'existence des Maîtres choque cet orgueil de parvenu intellectuel que chacun apporte au monde en naissant.

L'idée que dans le sable et la neige d'une région dite sauvage, il y a des hommes — et des hommes de couleur — qui n'admirent pas sans réserve les automobiles, les aéroplanes et les travaux des instituts de médecine et qui sont tout de même allés plus loin que nous dans les connaissances métaphysiques et l'étude de l'esprit, est une idée qui paraît invraisemblable, qui indigne ou fait hausser les épaules. On ne peut supposer l'existence d'hommes supérieurs sans supposer qu'ils n'aient l'orgueil de faire étalage de leur supériorité afin de devenir célèbres, obtenir des décorations, entrer dans des académies officielles. Nous en sommes au point où le désintéressement n'est pas imaginable. Il n'est pas imaginable non plus qu'on puisse se passer des merveilleuses découvertes de la science utilisées si habilement pour la jouissance du corps. On assimile donc les Sages des lamaseries Tibétaines à des fakirs faiseurs de prodiges faciles et mortificateurs de leur chair.

Ceux qui croient aux Maîtres s'en font de leur côté une conception erronée. Une fois qu'ils ont admis l'idée que des êtres supérieurs existent, retirés dans la solitude, plus spiritualisés que nous, plus instruits, plus parfaits, ils leur enlèvent leur qualité d'hommes et ils leur prêtent la vertu et le pouvoir des dieux. Ils renoncent à la vraisemblance pour satisfaire une dévotion longtemps réprimée, un goût* inné d'adoration divine. Non seulement ces Maîtres ont des facultés qui dépassent l'imagination, mais ils dirigent à leur gré l'humanité, ils font naître les races et ils les font mourir, ils voient d'un regard toutes les pensées de tous les hommes, ils pèsent le bien et le mal. La légende du roi du monde est dépassée par ces croyants, aussi aveugles que les chrétiens les plus aveugles et oublieux de toute raison. Saint Yves d'Alveydre raconte* que les membres de l'Agartha dans leurs explorations souterraines de la terre ont retrouvé une race d'hommes avec des ailes et des griffes et un dragon volant, moitié homme et moitié singe. Et Leadbeater† résume presque les conversations que Jésus et le Bouddha ont entre eux, sur un banc de pierre au pied d'un grand arbre.

Les Maîtres existent mais ils ne sont pas des dieux. Ils ne sont que des hommes pleins de sagesse. C'est déjà beaucoup. Si, comme le rapportent les voyageurs, ils créent en eux-mêmes une chaleur artificielle pour résister au froid des hautes régions, ils souffrent pourtant des vents glacés, la neige fait des cristaux dans leur chevelure humaine. Ils sont condamnés à la régularité de la nourriture, à l'oubli du sommeil. Ils sentent la dureté de la terre, l'immensité du ciel, la rigueur de la loi. Ils connaissent le secret de la mort et ils peuvent la retarder mais ils doivent tout de même la subir. S'ils sont arrivés à supprimer la plupart de nos douleurs engendrées par le désir et l'égoïsme, ils en éprouvent peut-être d'autres, d'un ordre que nous ne concevons pas, nées de leur compréhension et de leur amour. Arrivés aux portes du Nirvana, le regard, qu'ils jettent derrière eux pour voir leurs frères qui sont demeurés si loin, doit les faire souvent revenir en arrière. Ils triomphent de la pitié par l'intelligence et avec la pitié ils arrivent à casser le diamant de l'intelligence. Mais atteignent-ils à une sérénité parfaite ?

Le sommet sur lequel ils sont parvenus péniblement n'en est pas un. Il

* *Mission de l'Inde en Europe*, Lahure, 1886.

† *Les Maîtres et le Sentier*, Éditions Adyar 1926.

n'y a pas de sommet dans une hiérarchie sans fin. Dégagés de la vie sociale et de son carcan, ils voient, ils connaissent, ils rejoignent par l'élan de l'intuition des régions lumineuses, mais s'ils le veulent, ils ne peuvent plus remettre le carcan abandonné. Ils l'ont jeté derrière eux. Aux prisonniers délivrés, l'entrée de l'ancienne prison est interdite. Ils sont inaptes à la conduite des hommes, à leur diplomatie, à leur tromperie. Aucun des Sublimes Adeptes de L'Agartha ne pourrait tenir un emploi commercial, être président d'une association ou se faire élire député. Si, dans une certaine mesure, ils ont la prévision des événements à venir, ils doivent être souvent déroutés dans leurs calculs par les réactions de la haine. Si leur intelligence agrandie pénètre les lois cosmiques et possède des pouvoirs inconnus de nous, l'erreur doit être leur partage dans le domaine des choses humaines.

De quelque vénération ou religiosité dont on enveloppe les grands messagers on est obligé de constater cette erreur. On voit leur impuissance à l'égard du mal, l'inutilité de leurs efforts à préserver leur œuvre. On voit que souvent ils ont employé des méthodes puériles pour faire aboutir de grands desseins.

Ce fut le cas pour la création du mouvement théosophique. Il aurait pu produire une révolution morale, telle qu'on n'en aurait jamais vue d'aussi grande. De lui aurait pu jaillir un foyer de fraternité si ardent qu'autour de sa flamme se seraient réconciliées les races et les religions. Mais l'erreur était à sa base. Son point de départ, comme moyen de propagande reposait sur une erreur. Un grand mouvement ne pouvait être créé avec des phénomènes et des miracles, même si derrière eux se dressait l'apport solide de la doctrine. C'était méconnaître à l'excès l'élite des occidentaux. Si peu nombreuse qu'elle fût c'était cette élite qu'il fallait gagner. Bien que dépourvue de vrai spiritualisme, elle demandait autre chose que des lettres envoyées d'une façon phénoménale et des roses tombant du plafond, encore humides de rosée. La philosophie de l'Orient fut apportée avec des tours de fakir, des mirages d'hallucination. Le message en perdit de sa grandeur et les ignorants et les sceptiques en profitèrent pour le décrier.

Les intelligents ne voulurent pas admettre qu'une sublime pensée fût enfermée dans un gobelet d'escamoteur. Et quand « la Doctrine secrète » parut, il était trop tard. Ces extraordinaires courants de haine qui se déchaînent contre les révélateurs de vérités nouvelles avaient enveloppé l'œuvre et l'auteur. La calomnie avait accolé l'étiquette d'imposteur au nom d'H. P. Blavatsky,—la plus sincère et la plus désintéressée de ceux qui vouèrent leur vie à l'esprit.

La Vie Phénoménale d'Helena Petrovna Blavatsky

Il n'y a pas de grande figure qui ne soit un peu caricaturale. Au don de l'esprit correspond toujours quelque disproportion physique, un ridicule, ou une laideur. Les oreilles de Lao Tseu étaient démesurément longues ; Socrate avait une trop grosse tête, Swedenborg était d'une stature gigantesque. De plus le génie est toujours mal fait pour la vie, déplacé, gênant. Il renverse les meubles, remet chacun à sa place, a des mutismes étranges ou s'exprime avec une voix qui résonne comme un clairon.

Ainsi H. P. Blavatsky apparaît avec plus de travers que de qualités visibles. Elle devient précocement énorme et elle porte ce corps imparfait et tourmenté de maladies, inlassablement à travers les cinq parties du monde. Elle déborde de passion, elle est toujours en colère ; elle s'indigne, maudit et commande sans cesse ; elle jure comme un troupier ; elle fume toute la journée en public et même dans les temples sacrés de l'Inde ; elle traite fréquemment son fraternel compagnon Olcott de stupide et d'âne. À la moindre maladie, elle écrit des lettres qui commencent par : « Je vous écrit de mon lit de mort » et elle est guérie dans la même journée. Elle est somnambule ; elle a des goûts bohèmes ; à New-York ou dans l'Inde, il lui arrive d'inviter plusieurs personnes à dîner, certains jours où elle n'a même pas une tasse de thé à leur offrir. Elle promet à tout le monde, même à des domestiques, sa succession comme animatrice de la Société Théosophique. Elle se confie au premier venu et, tout en prétendant connaître, en vertu « d'un flair occulte », la nature de chacun, elle donne son amitié à des gens qui ne la recherchent que pour la trahir. Ayant fait un héritage, elle achète des terrains en Amérique, mais elle perd les papiers qui prouvent cet achat et elle oublie même dans quelle région se trouvent les terrains achetés. Dirigeant le Theosophist à Londres, elle fonde elle-même une revue concurrente au Theosophist et elle en prend la direction. Par horreur de l'hypocrisie religieuse elle devient anticléricale. Partout où elle passe, elle se fait des ennemis à cause de son incapacité à déguiser la vérité. Elle est en révolte contre toute autorité, tout préjugé, toute convenance mondaine. Elle ne respecte rien, sauf les Maîtres, et encore les plaisante-t-elle et appelle-t-elle familièrement Morya, le général.

Mais elle est bonne, elle donne tout ce qu'elle possède. Elle n'a que sa mission comme but et elle sait faire totalement abstraction d'elle-même pour réaliser cette mission. Elle ne considère sa personne que comme un moyen d'expression d'êtres plus élevés, la voix chargée de proclamer leur message et elle subordonne à cela toute sa vie.

C'est au bruit des cercueils qu'on clouait qu'Helena Petrovna Blavatsky apparut au monde. C'était en 1831, près d'Odessa. Le choléra ravageait la Russie et plusieurs personnes venaient de mourir dans la demeure du colonel Hahn, son père.

Comme elle était chétive, on fit un baptême hâtif. Pendant cette cérémonie où étaient rassemblés dans une salle, les serfs et les membres de la famille, le cierge que tenait un enfant alluma la robe d'un prêtre. Une panique s'ensuivit. Le prêtre brûla partiellement et à cause de cela il fut prédit à l'enfant une existence de vicissitude et de lutte. Cette prédiction se réalisa. Mais nul alors ne pouvait penser qu'Helena Petrovna rallumerait plus tard le cierge de son baptême et en proclamant le culte du Dieu intérieur brûlerait avec sa parole tant de robes sacerdotales et tant d'ornements de vaines cérémonies.

Aussi loin que remontent dans leurs souvenirs ceux qui l'ont connue enfant, ils sont tous unanimes pour dire qu'elle manifesta précocement des dons extra-humains. Des coups inexplicables retentissent quand elle pénètre dans une pièce. Elle décrit des événements qui se produisent au loin et dont la réalité est confirmée. Le monde est peuplé autour d'elle de fantômes et d'esprits de la nature dont elle dépeint la forme et pénètre les intentions. Si elle prend dans sa main une poignée de sable de la steppe, elle voit les océans des époques évanouies, des flores sous-marines, des animaux fantastiques. Si elle regarde un vieillard qui passe, elle voit dans l'atmosphère qui l'entoure toutes les actions qu'il a accomplies dans ses existences antérieures. Un Maître veille sur elle. C'est celui qu'on connaîtra plus tard sous le nom de Morya et un jour où le cheval d'H. P. Blavatsky s'emballe et la précipite sur le sol, elle sent deux bras invisibles qui la soutiennent et amortissent sa chute.

Les bras invisibles sont de chair; la figure de rêve devient une figure vivante et H. P. Blavatsky quand elle va à Londres pour la première fois reconnaît l'apparition familière dans un des rajahs hindous qui font partie de l'ambassade du Népal. Elle parle à son Maître qu'elle rencontre dans Hyde Park et à partir de ce moment toutes ses actions seront subordonnées à ses ordres. Bien entendu, aucun de ces ordres ne contrecarrera la destinée qui lui est réservée. Elle devra élaborer dans la peine sa propre instruction, subir les effets des causes qu'engendrera sa nature impulsive et désordonnée. C'est parmi l'agitation, la maladie et la colère que sa mission s'accomplira car tous les messagers sont entachés d'imperfection et aussi haut que l'on remonte dans la hiérarchie des êtres, on voit que les plus élevés et les meilleurs sont susceptibles de faiblesse et soumis à l'erreur.

A dix-huit ans, elle se laisse marier par sa famille à un vieux général; mais elle éprouve déjà une horreur invincible pour ce qu'elle appelle « le magnétisme du sexe », horreur qui la fera rester chaste toute sa vie. Son vieil époux n'arrive pas à lui baiser le bout des doigts et elle quitte le toit conjugal, de nuit, à cheval. Elle commence alors une série de voyages sans fin.

Après avoir erré en Egypte et en Syrie, elle va en Amérique du Sud et elle partage l'existence sauvage des cow-boys. Elle se rend dans l'Inde par l'océan Pacifique et elle fait une tentative pour pénétrer dans le Tibet dont l'entrée lui est interdite par le gouvernement anglais. Elle revient en Europe, en repassant par l'Egypte où elle étudie la magie avec le vieux mage copte Metamon. Elle se passionne pour l'indépendance des peuples et se joint aux troupes de Garibaldi parmi lesquelles elle reçoit une grave blessure. Elle en guérit, elle lit des romans de Fenimore Cooper, s'éprend des Peaux-rouges et part aussitôt pour le Canada afin d'habiter les wigwams, de lancer des flèches, de voir des scalps. Mais des squaws lui ayant volé des bottines auxquelles elle tenait beaucoup, elle se lasse des Peaux-rouges et va vivre au Texas avec des trappeurs. Elle les quitte et se rend à la Nouvelle-Orléans pour pénétrer les secrets de magie noire professés par les Vaudoux. Elle vit quelques temps parmi cette secte de nègres magiciens, mais un rêve l'informe du danger qu'elle court et elle repart pour les Indes. Elle essaie à nouveau de pénétrer dans le Tibet, elle voyage dans l'Himalaya, elle séjourne dans divers monastères bouddhistes ; elle est gelée par la neige, aveuglée par le sable, elle a faim et soif sous la tente quand la tempête souffle sur elle et elle regagne l'Inde en 1857, un peu avant la révolte des cipayes. Son guide occulte lui prescrit alors de retourner en Europe et elle rentre dans sa famille qu'elle stupéfiera par des prodiges de tous ordres, durant quelques années. Ce n'est que dix ans après que le temps de sa véritable instruction est venu.

Tous ses voyages n'avaient été qu'un jeu préparatoire. Elle revint dans l'Inde en 1867 et c'est là que se place son temps d'initiation au Tibet.

Elle atteint le lac Palté puis les monts Kouenlun et c'est dans cette région inexplorée, et dont elle n'a jamais voulu préciser l'endroit exact, qu'elle retrouve Morya et Koot Houmi et qu'elle reçoit d'eux les renseignements sur la science secrète qu'elle sera chargée de révéler. Il lui est prescrit de regagner l'Amérique où elle doit retrouver un homme qu'elle ne connaît pas mais qui est choisi à cause de sa foi, de son courage et de son amour désintéressé du bien pour créer avec elle le mouvement spiritualiste qui sera connu sous le nom de Mouvement Théosophique.

Elle repasse par l'Europe mais les catastrophes sont dans son étoile ; le vaisseau qui la porte avait une cargaison de poudre qui saute et elle échappe presque seule au naufrage.

— « Connaissez-vous le colonel Olcott ? » demande-t-elle aussitôt arrivée en Amérique, à tous ceux qu'elle voit. Mais ses recherches ne sont pas longues. Dans une réunion, un homme à longue barbe lui offre du feu pour une cigarette qu'elle vient de rouler. C'est le colonel Olcott. De cette petite flamme qui a jailli entre eux s'élèvera un grand feu spirituel qui n'est pas encore éteint. Le calme américain de haute stature et de grand cœur, l'indomptable russe au corps pesant qui, par ses facultés médiumniques vit partiellement dans l'au-delà, vont devenir les chevaliers inséparables de l'idéal. Ils seront des sortes de don Quichotte en marche pour la réforme de l'humanité et sous le casque de leur foi, plus invulnérable que l'armet de Mambrin, ils combattront les terribles moulins à vent de la sottise et de la bigoterie et ne se laisseront pas renverser par eux.

Les connaissances en science occulte d'H. P. Blavatsky se sont accrues au cours de ses voyages. Elle a connu tous les magnétiseurs, tous les nécromanciens, tous les sorciers de la terre. Avec ses extraordinaires pouvoirs, elle a ébloui également les charlatans, les hommes sensés et les savants. On a discuté, cherché des explications, dressé des procès-verbaux. Devant l'accumulation des faits, il est impossible de nier, ou si l'on nie il faut supposer un truquage de toutes les maisons où elle pénètre, une complicité de tous les gens qu'elle rencontre dans les cinq parties du monde.

On est avec raison plongé dans l'étonnement par les phénomènes qu'elle produit. Il semble que dans certaines circonstances et dans de certaines dispositions, elle ait eu le pouvoir de créer par sa volonté des objets matériels, de tracer de longues lettres sans le secours de la main et de la plume et de les envoyer à distance par le moyen de la force astrale. Elle donnait aussi une autre explication de ses pouvoirs. Elle prétendait avoir la faculté de faire obéir à son ordre certains esprits intermédiaires entre l'homme et la nature, appelés Elémentals et elle faisait travailler pour elle dans l'invisible ces sortes d'esclaves magiques.

Un enfant vient la visiter dans une pièce presque nue. Désireuse de lui faire plaisir, elle plonge le bras derrière un paravent et en retire un grand mouton monté sur des roues qui n'y était pas, une minute auparavant.

Un autre enfant ayant désiré un sifflet, elle prend trois clefs attachées à un anneau et les enferme dans sa main. Quand elle rouvre la main les trois clefs sont changées en sifflet.

Pendant un dîner, comme on constatait l'absence de pinces à sucre, elle en fabrique phénoménalement d'étranges, un peu difformes et qui portent le cachet de ses Maîtres.

Quelqu'un lui demande un jour de faire le portrait d'un sage de l'Inde, instructeur des parias, connu sous le nom de Tiruvalluvar et qui vécut à Vylapur. Elle prend un peu de mine de plomb, l'écrase légèrement sur une feuille de papier qu'elle retourne et une minute après le portrait est dessiné avec minutie et les portraitistes américains auxquels on le montre déclarent que c'est une œuvre unique au point de vue technique, qu'aucun artiste vivant n'aurait pu faire.

Une autre fois, elle est en train d'ourler des serviettes. Le colonel Olcott la voit donner un coup de pied sous la table avec irritation, en disant : « Ôte-toi de là, nigaud ! » Il demande ce qu'il y a. « C'est une petite bête d'Elémental qui me tire par ma robe », dit H. P. Blavatsky. « Donnez-lui donc vos serviettes à ourler », répond Olcott en plaisantant. Elle jette les serviettes sous la table et un quart d'heure après, quand elle les ramasse, les serviettes sont ourlées.

On pourrait faire des récits semblables à l'infini.

Ces phénomènes éveillent la curiosité, passionnent les esprits. La réputation d'H. P. Blavatsky devient immense. La Société Théosophique est fondée par elle et par Olcott et tous deux en transportent le centre dans l'Inde, à Madras puis à Adyar.

H. P. Blavatsky connaît pendant quelques années la réalisation de son rêve. Elle est dans la plénitude de son activité. De toutes parts arrivent d'Europe des adhésions à la foi nouvelle, aux idées théosophiques qui ne font qu'exprimer la philosophie de certains groupes bouddhistes du Tibet. À la philosophie bouddhiste, H. P. Blavatsky rattache l'idée d'évolution et de perfectionnement et une explication des origines de l'univers plus ancienne que le Bouddhisme et d'origine brahmanique. Si beaucoup d'Hindous se montrent rebelles à ses idées, un grand nombre d'autres y adhèrent avec enthousiasme.

Mais les éternels ennemis de tous les grands élans de la vérité se sont alarmés et ils se hâtent d'agir par les moyens les plus vils. Si l'on relit les livres et les journaux de cette époque, on demeure stupéfait de l'étonnant mouvement de haine qu'a provoqué un groupement désintéressé qui prêchait la fraternité humaine et le culte de la vérité. Et cette haine sembla se multiplier parce qu'elle s'exerçait sur une femme.

Les fanatiques missionnaires de l'Eglise catholique à Madras ne purent supporter l'idée que l'amour de leur prochain fût enseigné par d'autres européens qu'eux, au nom d'un prophète qui n'était pas le leur. Ils préparèrent l'œuvre de calomnie par laquelle l'Église a toujours atteint sous des formes différentes, mais inexorables, tous ceux qui, hors sa règle de fer, ont fait entendre une parole d'ordre divin. Ils payèrent d'anciens tenanciers d'hôtel meublé, devenus par l'imprudence d'H.P. Blavatsky domestiques de confiance à Adyar, et ceux-ci accusèrent de fraude la fondatrice du Mouvement Théosophique. Ils prétendirent avoir été ses complices, ils montrèrent de fausses lettres qu'ils avaient fabriquées. D'après eux les phénomènes d'H. P. Blavatsky ne relevaient que de la prestidigitation, les lettres des Maîtres étaient des faux, il n'y avait pas de Maîtres, il n'y avait rien.

Dans le même moment la Société des Recherches psychiques de Londres avait envoyé à Madras un jeune homme, plein d'autorité et de suffisance, appelé Hodgson, pour faire une enquête sur la nature des phénomènes produits par H. P. Blavatsky. Influencé par les missionnaires, par l'opinion de la bonne société anglaise qui suivait unanimement les missionnaires et par sa propre volonté de ne pas croire qu'il avait apportée d'Angleterre dans son étroite cervelle de bourgeois sceptique, il conclut au cours d'un long rapport à l'imposture d'H. P. Blavatsky.

Les calomnies de ces ennemis, nés de tout ce qui est supérieur dans le domaine de l'esprit, ne devaient pas être oubliées. Elles germèrent, elles fructifièrent, car l'ignorance, la fausse science et le matérialisme y trouvèrent le prétexte du doute, la joie de haïr ce qu'ils ne comprenaient pas. Beaucoup des amis d'H. P. Blavatsky se détournèrent d'elle et répandirent de nouvelles calomnies. On prétendit qu'elle était une espionne au service de la Russie et en France le docteur Papus forgea de toutes pièces et sans la moindre preuve, l'accusation qu'elle avait copié une partie de ses livres sur des manuscrits laissés par un certain baron de Palmes. Cette accusation était ridicule et celui qui la formulait savait qu'elle était ridicule. Le baron de Palmes était un ancien officier de cavalerie autrichien très peu lettré et pas du tout philosophe qui n'avait jamais écrit une ligne de sa vie. La haine de ceux qui aspirent à une certaine suprématie spirituelle déchaîne une fureur plus aveugle que la possession de l'argent.

H. P. Blavatsky ne poursuivit pas ses accusateurs. Elle était pauvre et ne pouvait faire les frais de la coûteuse procédure anglaise, ce que ses ennemis savaient bien. D'ailleurs elle n'aurait pu répondre victorieusement qu'en faisant la preuve de l'existence réelle de Morya et de Koot Houmi, et en désignant le lieu de leur retraite, ce qu'elle ne voulait faire à aucun prix.

Epuisée et malade, elle quitta les Indes, afin de retrouver en Europe, dans la solitude, le calme nécessaire pour écrire la Doctrine secrète. Elle savoura dans une misérable chambre à Naples l'amertume de voir ses meilleures intentions rabaissées, son œuvre niée, son idéal bafoué. Mais sans doute puisa-t-elle dans les profondes ressources intérieures qu'ont les grandes âmes, l'idée lucide que la parole écrite a plus d'importance que celui qui est chargé de l'écrire et que le livre demeure dans les temps quand le visage et même le nom de l'auteur sont effacés. Elle subordonna sa vie à la création de son livre. Elle oublia les pouvoirs avec lesquels elle était habituée à obtenir des réunions d'admirateurs. Elle cessa de faire sortir un serpent d'un sac à main ou de créer d'un geste dans l'espace un papillon aux mille couleurs. Elle passa les dernières années de sa vie, les yeux fixés sur les sources intimes de sa connaissance. Elle résista aux vagues de haine que lui apportaient les articles de journaux ou les paroles empoisonnées de ceux qui venaient lui rendre visite. Elle poursuivit son but sans faillir, maintenant par la force de sa volonté sa santé chancelante, s'obligeant à tracer quotidiennement sur les feuillets, le sillon de son œuvre immense.

Quand elle mourut en Angleterre, elle avait retrouvé des disciples et des amis qui l'aimaient. Elle se plaisait à redire la parole du Vishnou Pourana : « la miséricorde est la puissance de celui qui est vertueux ». Elle put jeter un regard désormais tranquille sur sa tache achevée. Elle avait écrit les derniers mots de « la Doctrine secrète » et la Société Théosophique était répandue dans le monde entier.

Mais comme c'est une loi amère et inexorable que la calomnie, quand elle est dirigée avec habileté, laisse une trace qui ne périt pas, H. P.

Blavatsky n'a jamais été lavée entièrement de l'accusation portée contre elle. Les années ont passé. Les sources et preuves d'événements anciens deviennent vite incertaines. On écoute les paroles qui sont rapportées par la rumeur publique qui fait aisément figure de sagesse inférieure. On respire avec un plaisir secret un vent de scandale qui vient on ne sait d'où. On se dit : « Qui sait ? Peut-être... » Et ceux qui croient le plus fermement à H. P. Blavatsky et qui ont reçu de sa philosophie le meilleur réconfort sentent à de certaines heures, un doute remonter du fond d'eux-mêmes, comme une buée triste, et qui jette une ombre.

* * *

Il y a dans le texte intégral de l'historien juif Josèphe retrouvé récemment en Russie, un trait frappant. Ce contemporain de Jean-Baptiste et de Jésus rapporte ceci au sujet de Jean-Baptiste : « Il collait des poils d'animaux sur les places de son corps où il n'était pas velu. »

Ainsi, ce prophète ajoutait à la nature pour réaliser l'idéal qu'il se faisait du prophète. Et j'imagine qu'il le faisait secrètement pour paraître aux yeux de ses disciples un envoyé que Dieu avait créé velu par contraste avec les vêtements luxueux des Juifs riches. Il agissait ainsi avec puérilité ; c'était pourtant Jean-Baptiste, qui baptisa Jésus.

De même H. P. Blavatsky ayant reçu le don de produire des phénomènes et considérant qu'on n'est pas un véritable thaumaturge sans continuels phénomènes, en ajouta peut-être de son cru par ruse et artifice, car la tentation est bien grande d'aider au miracle quand le miracle ne se produit pas et qu'on porte tout de même le miracle en soi, qu'on l'a produit hier et qu'on le produira demain. Peut-être céda-t-elle à cette tentation. Rien ne l'a prouvé. Mais c'est sans importance. Si le prophète veut être velu qu'il le soit tant qu'il lui plaira. L'eau baptismale n'en sera pas moins claire entre les rives du Jourdain. Il m'importe peu que celui qui m'apporte une explication raisonnable du monde, une philosophie élevée, une morale dont la connaissance transforme mon cœur, escamote, par fantaisie magique, le livre qui contient l'explication, la philosophie, la morale sublimes. J'attends, modérant ma surprise pour le brio du tour, que le livre escamoté reparaisse et j'en aspire la sagesse révélatrice sans me soucier de la manière merveilleuse dont il me fut présenté.

LA DOCTRINE SECRÈTE

Ce qui caractérise la philosophie enseignée par H. P. Blavatsky c'est qu'elle apparaît à beaucoup d'esprits, quand elle leur est révélée, comme la plus belle des philosophies, la seule qui soit claire, raisonnable et dont la connaissance vous incite à la perfection.

Devenir plus intelligent et meilleur, non dans l'acception courante, mais devenir plus estimable à ses propres yeux, voilà ce qui, grâce à elle, est permis aux hommes de ces temps. À ceux qui ont trouvé leur vérité propre dans les enseignements théosophiques, est accordé un titre sans signe extérieur, un honneur qui ne comporte pas le respect des autres mais confère la tranquillité de l'âme. Ceux-là sentent sur leur front le mystère moins pesant, ils ont découvert la possibilité de créer leur enfer ou leur paradis, ils mesurent plus justement les choses humaines, ils ont acquis plus de pitié.

De même qu'elle n'avait pas reçu le don de la beauté physique, H. P. Blavatsky ignora la beauté de la forme littéraire et le visage de sa philosophie est plein de bosses et de rides, le corps de son livre est chaotique, difforme, écrasant, sans sexe comme elle-même. Il contient les doctrines du Bouddhisme ésotérique, car ce qu'on appelle la théosophie est le Bouddhisme d'une école d'intellectuels tibétains. Il n'est pas la création propre d'H. P. Blavatsky et elle ne l'a jamais prétendu. Elle écrivait sans le secours d'aucun livre, faisait fréquemment des citations tirées d'ouvrages qui appartenaient à des bibliothèques où elle n'avait pas la possibilité de puiser. Elle écrivait,—tous les témoignages sont d'accord à ce sujet—d'une façon médiumnique, sous la dictée de Morya et de Koot Houmi et aussi sous celle d'un autre initié platonicien, qui ne s'exprimait qu'en français et appartenait à un groupe d'initiés différent.

Il est impossible de résumer, même brièvement, l'énorme amas de connaissances que contiennent «Isis dévoilée» et «La Doctrine secrète». Ces connaissances viennent des antiques livres conservés dans les monastères du Tibet et elles remontent, à travers les civilisations, jusqu'aux origines de l'homme. Elles ont paru si inattendues et si nouvelles aux penseurs orgueilleux de l'Occident, qu'ils ont préféré les rejeter en bloc sans les examiner. Annie Besant, Steiner, Leadbeater* et d'autres encore, se sont efforcés pourtant de les clarifier et de les présenter sous une forme accessible aux intelligences les plus moyennes. Cela n'a pas suffi. Les intelligences moyennes comme les grandes, ont trouvé que la Lumière venait de trop loin, d'un pays qui n'était pas le leur, qu'elle était trop éblouissante. Il leur faut une lampe au format connu qui n'éclaire que le cercle étroit de leur savoir héréditaire, de leurs petits préjugés, de leur médiocre idéal.

Pourtant quelle philosophie que celle qui nous permet de comprendre le rapport de la matière et de l'esprit; comment à travers les âges immémoriaux, l'homme s'est individualisé, s'est revêtu de corps successifs pour devenir de plus en plus matériel sur l'arc descendant de la nature; afin de remonter ensuite sur l'arc ascendant où il doit accomplir la tâche inverse, c'est-à-dire se spiritualiser pour être absorbé par la conscience divine. Cette philosophie, en nous apprenant la loi de réincarnation et la loi de Karma, est la seule qui éclaire et justifie un peu ce que nous percevons d'un univers impitoyable et incompréhensible. Si nous voyons, — et il est possible à chacun de le voir par une attention quotidienne — que c'est nous-mêmes qui tissons notre destinée, qui engendrons les causes de nos bonheurs ou de nos souffrances ; si nous savons, sans en pouvoir douter, que toute action accomplie contre autrui est accomplie contre nous-mêmes, il nous vient la connaissance que le monde n'est peut-être pas aussi injuste qu'il le paraît. Et à partir du moment où nous nous savons placés dans un monde logique et ordonné, nous comprenons que la seule conduite possible est d'obéir à cette logique et à cet ordre, nous ne souffrons plus de l'injustice et nous nous considérons comme la seule cause de nos maux. Nous cherchons une méthode pour devenir plus heureux en nous conformant au courant qui nous emporte. Nous

* Voir « La Sagesse antique » d'Annie Besant, « La Science Occulte » de Steiner, et surtout « L'essai de Doctrine Occulte » de M. Chevrier qui est l'exposé le plus clair de la doctrine théosophique.

songeons à préparer notre vie future s'il est trop tard pour obtenir de grands résultats dans celle-ci. Nous nous apercevons que le bonheur tel que nous le concevons n'est pas ce qui a le plus d'importance et qu'il y a des échelles de bonheur parallèles à notre développement. La recherche d'un bonheur plus élevé nous amène à entrevoir que c'est dans la spiritualisation de l'être qu'est la source de la plus ineffable joie. Nous apprenons les chemins qui y conduisent, la méditation, le silence de l'âme et la contemplation de cette étoile intérieure qui brille dans notre cœur et dont la lumière, quand nous la découvrirons dans tout son éclat, nous identifiera à l'essence divine.

Cet apport de la sagesse de l'Orient pouvait suffire à arrêter la pensée occidentale sur la voie matérialiste et à la transformer. Il n'en fut rien. L'ombre noire qui suit toute chose nouvelle s'étendit sur la femme qui annonçait cette doctrine de perfection. Il était historiquement trop tard pour que l'Inquisition pût dresser pour elle le bûcher des martyrs. Elle ne fut ni lapidée ni mise en croix. Les hommes de son temps lui firent subir le supplice du doute et celui du mépris. Les intellectuels rejetèrent la doctrine ou s'obstinèrent à l'ignorer. Il est vrai que ce n'était pas à eux qu'elle s'adressait.

La Théosophie, comme tous les grands mouvements de l'esprit, comme le christianisme et comme la doctrine des Albigeois, faisait appel à la commune masse des hommes. Elle fut par eux incomprise et méconnue. Et c'est un exemple singulier, dont nous sommes les témoins aveugles. Le message est arrivé de loin et de haut. Il est là et il demeure inutile pour ceux qui le nient.

Quant aux disciples directs d'H. P. Blavatsky, ceux qui se réclament d'elle, à leur insu ou par la force de leur nature propre, ils ont en partie trahi le sens du message en l'expliquant. Il y a une loi qui veut que tout mouvement initiatique, s'il ne rencontre pas la mort par suppression totale comme le mouvement Albigeois, se dessèche, se minéralisé, devienne dure pierre d'église, marbre glacé de dogme. La Théosophie s'est enveloppée de cette religiosité que sa fondatrice considérait comme tellement néfaste. Cela a commencé par une sorte d'adoration chrétienne, de pieuse ferveur dont on a enveloppé les Maîtres hindous qui, certes, ne l'avaient pas demandé. Les prescriptions de vie droite se sont muées en pudibonderie anglicane. Les buts élevés de fraternité et de développement des pouvoirs spirituels ont été négligés au profit de l'attente messianique, souci de toutes les sectes du monde, qui a désormais occupé la première place. Le Bouddhisme auquel s'étaient rattachés matériellement les fondateurs du Mouvement Théosophique a été atténué, effacé au profit d'un christianisme ésotérique.

Enfin, pour répondre au besoin qu'ont les hommes de prier sous des monuments, de voir des autels rituels, d'être aidés par la magie cérémonielle des encens, des cierges et des costumes, les principaux parmi les théosophes se sont proclamés évêques et sous le nom d'église catholique libérale, ils ont réédifié ce qu'H. P. Blavatsky avait travaillé à détruire. Ils ont été à l'encontre de la grande parole de la Théosophie, de la vérité essentielle, de la loi de chaque homme dont H. P. Blavatsky avait été l'annonciatrice illuminée.

La parole, la vérité, la loi ne sont pourtant pas perdues. Les successeurs de H. P. Blavatsky en préparant leur église ont instruit un jeune homme, Krishnamurti, pour en être le chef. Mais ce jeune homme, au lieu de se parer avec orgueil du titre d'instructeur du monde qui lui était décerné et d'accepter cette écrasante mitre papale, a préféré avec un orgueil plus grand affirmer qu'il était « le possesseur inconditionné et intégral de la vérité » et se couvrir de la mitre invisible du vrai sage.

A-t-il atteint ou non cet état sublime, peu importe ! Mais il a repris les enseignements de Blavatsky et, paraphrasant certains textes de Sankaracharya et certaines paroles du Bouddha, il les a proclamés avec cette liberté que seule donne la jeunesse.

Il a redit que toutes les organisations et toutes les églises sont des barrières, des obstacles à la compréhension ; que les nouvelles formes d'adoration et les nouveaux Dieux ne valent pas mieux que les anciens ; que les bonnes intentions, les bonnes œuvres ou l'immolation de soi-même à une cause, sont insuffisants si on ne déchire pas d'abord le voile intérieur de l'ignorance ; que c'est en soi-même qu'est toute sagesse et que c'est par le développement, la purification, l'incorruptibilité de son moi intérieur que l'on s'identifie à l'absolu.

La Tristesse des Maitres

C'est à Darjiling, dans le pays de Sikkim, aux confins de l'Inde anglaise et du Tibet, que s'ouvre la mystérieuse porte donnant sur les régions encore inconnues de la terre. Darjiling est une élégante ville d'eaux, sur un haut plateau, au pied de l'Himalaya où la bonne société anglaise vient se reposer du climat brûlant de l'Inde. Il y a des villas, des fonctionnaires et des touristes. Personne ne sait que la route qui s'en va en serpentant et s'enfonce dans les gorges profondes des montagnes est une route qui mène à un autre univers, aussi longue et aussi transcendante que l'échelle de Jacob.

C'est par cette route que sont partis les explorateurs, soucieux de géographie, de documents photographiques pour les magazines et de traits pittoresques de mœurs. Quand ces hommes d'action sont revenus, ils ont fait des conférences avec des projections, ils ont raconté comment était la ville du Lhassa, comment les lamaseries se dressaient sur les hauteurs pierreuses, pareilles à des forteresses du moyen âge, de quelle couleur était la robe du Dalaï Lama. Mais ils n'avaient en réalité rien vu. Rien vu que des populations primitives, des moines stupides faisant tourner des moulins à prière, rien qui atteste la prière de l'esprit.

Comment auraient-ils pu percevoir cette présence ? Une haute culture est chez nous inséparable de confort matériel et de bonnes manières et elle est toujours incorporée à des groupements officiels, universités ou académies, elle fait des discours, elle est précédée de musique militaire. Surtout elle n'a pas souci de perfection morale. Comment penser qu'un homme au brun visage, presque un nègre, qui oublie le corps pour la pensée, qui demeure parfois immobile durant des jours, dans une caverne battue de neige pour y méditer, peut avoir sur la science et la philosophie des vues plus complètes que les grands fournisseurs de l'Europe.

Mais ceux qui ne peuvent pas être rencontrés par des explorateurs savants et braves se font parfois connaître d'un homme au cœur rempli d'amour.

Il arrive que pour parvenir jusqu'à eux et recevoir la parole qui ne s'écrit pas, un Hindou choisi ou même un Européen s'en va à Darjiling et se met en marche sur la route qui serpente le long des pentes de l'Himalaya. Ainsi fit ce Damodar, compagnon des premiers théosophes, ce brahmane qui avait perdu sa caste pour vivre avec eux. Il vint un moment où il se sentit appelé. Il devait aller sur les hautes montagnes. Il toussait beaucoup et il était si maigre que Blavatsky disait que ses jambes ressemblaient à des piquets. Il gagna Darjiling et il partit. Il s'en allait vers le lac Palté et les monts Kouenlun. C'est là que jadis Blavatsky avait été instruite. Le chef des porteurs de la caravane avec laquelle il marcha pendant quelques jours, rapporta qu'il avait retrouvé plus tard ses vêtements dans la neige. On n'a jamais plus entendu parler de lui. Peut-être, nourri d'un peu de riz et de l'air des sommets, assis sur la terrasse d'une lamaserie, si haute que les oiseaux ne volent plus au-dessus d'elle, goûte-t-il encore, à peine vieilli par les années, la béatitude de celui qui aime toutes choses. Peut-être est-il depuis longtemps poussière au fond d'une gorge de pierres.

H. P. Blavatsky disait qu'en 1897 il y aurait une porte occulte qui se fermerait. Sans doute le premier degré de cette porte se trouvait-il à Darjiling et savait-elle que vers cette époque, ceux qui l'avaient instruite, ayant jeté la graine par le monde, cesseraient de s'occuper de la façon dont elle lève. Les Maîtres ne sont plus derrière le Mouvement Théosophique. Il n'y a plus de lettre sur un papier de riz chinois qui parvienne, sans le secours du facteur et de la poste, comme cela advint aux premiers disciples. Un visage grave, sous un turban, n'illumine aucune nuit d'insomnie. Cette forme du merveilleux que quelques privilégiés ont indiscutablement connue pendant quelques années a disparu des possibilités de la vie.

Parmi les hauteurs des monts Kouenlun, dans une vallée plantée de pins, il y a deux maisons avec une toiture en style birman qui se font vis-à-vis, de chaque côté de la vallée. Ce sont les maisons de Morya et de Koot Houmi. Entre elles, sous les arbres inclinés, court un ruisseau étroit et clair que surmonte un pont archaïque. Koot Houmi habite avec sa sœur et il a pour serviteurs amicaux un vieux Tibétain et sa femme. Morya vit seul et monte à cheval chaque matin. Ils ont maintenant cinquante années de plus que lorsque leur élève Blavatsky est repartie dans le monde mais la durée de la vie de l'homme sage est au moins trois fois plus longue que celle de l'homme insensé*.

Quand ils se rejoignent auprès du petit pont sur le cours d'eau et quand ils marchent parmi les pins, ils doivent se rappeler quelquefois leur tentative passée pour indiquer la voie à ceux qui l'ignoraient. J'imagine que malgré leur connaissance des hommes, ils doivent s'étonner encore d'avoir si peu réussi. S'ils n'ont aucune amertume à se rappeler que leur nom fut bafoué, mis en manchette sur les journaux des missionnaires et qu'il est devenu pour beaucoup synonyme de mystification, ils doivent tout de même s'avouer que leur effort fut prématuré. Certes, on ne peut désespérer de l'humanité, surtout quand on a atteint un haut degré de développement et appris à reculer les limites du temps. Mais si, grâce à leur don de clairvoyance ils ont la vision de nos villes et de nos machines, de nos passions et de nos égoïsmes, ils doivent se réjouir de l'immensité de leur solitude et de la distance qui nous sépare d'eux. Ils doivent se dire qu'ils ont été bien imprudents de révéler leur existence, il y a quelques années, à quelques Anglais bien intentionnés peut-être mais assez bornés. Se félicitant de la folie qui fait douter qu'ils existent ils doivent mesurer avec satisfaction la hauteur des pics Himalayens, la structure immuable des glaciers. Ils doivent se dire qu'il est bien heureux qu'une inexplicable puissance ait voulu isoler la terre Tibétaine du monde soi-disant civilisé pour leur permettre de cultiver la rare fleur de l'intelligence. Dans cet immense nuage sombre qu'est pour eux le reste de l'univers, ils perçoivent comme des clartés tremblotantes, comme des lampes à peine nées, les intelligences des hommes qui s'éveillent et appellent leurs frères aînés. Comme ces lumières sont peu nombreuses et comme elles jettent peu d'éclat ! Que les hommes sont lents à se développer ! Que de messagers devront partir de siècle en siècle, des messag-

* Les journaux ont rapporté, il y a quatre ou cinq ans, qu'un explorateur russe qui revenait du Tibet disait s'être entretenu avec un homme « d'un certain âge » qui avait été l'instructeur de Mme Blavatsky.

ers eux-mêmes imparfaits et qui risquent de retomber aux ténèbres ! Et peut-être songeant à tant de lenteur, à tant d'efforts, à tant de mal, les yeux pleins de lumière des sages, s'obscurcissent-ils...

ÉPILOGUE

Épilogue

L'histoire des messagers est l'histoire d'une série d'échecs successifs. Ils sont venus, ils ont eu une influence quelquefois grande, quelquefois minime, ils ont reçu l'injure ou la mort et la vie a repris sans trace apparente de leur passage.

Ce qui m'a frappé le plus, en suivant le récit de ces existences, c'est qu'elles aient pu même se manifester. On est étonné que les messages n'aient pas été étouffés quand ils étaient enfants, quand la première lueur de l'esprit brilla dans leurs yeux entrouverts. La colère contre ce qui est l'esprit est si grande qu'il faut considérer leur seule manifestation comme merveilleuse. Et il demeure inexplicable que Jésus ait atteint sa trente-troisième année, qu'Apollonius de Tyane soit mort très vieux et que Christian Rosencreutz ait pu ensevelir sa personne dans un silence qu'aucun tribunal de dominicains n'a pu rompre.

Le désintéressement, le sacrifice de soi, ce qu'il est convenu d'appeler le bien, en vertu de son respect de la vie et des scrupules de l'intelligence ne se présente pas avec les mêmes moyens de défense et les mêmes armes que ses ennemis. Logiquement c'est le mal, l'égoïsme qui devrait toujours triompher, puisque dans la lutte il n'est borné par rien. Si les pensées essentielles qui constituent l'idéal humain arrivent tout de même à survivre c'est qu'il y a en elles une force cachée, un principe supérieur qui les porte.

Si quand la mer est agitée et que les vagues montent vers le ciel qui a l'air de descendre, on regarde un nageur en train de regagner la terre, on pense à chaque seconde qu'il va disparaître. Les forces combinées pour l'engloutir sont immenses. Sa tête disparaît souvent sous l'écume et l'on cesse de l'apercevoir. Mais le nageur, par sa connaissance de la natation et grâce à la loi qui maintient à la surface un corps en mouvement, traverse les puissances liquides qui l'environnent et contre toute prévision humaine parvient au rivage.

Il en est ainsi de ces courageux nageurs de la vie que sont les porteurs de message. L'ignorance étend sur eux ses ombres, l'hypocrisie les attire en bas, l'orgueil, comme une lune maléfique dans les nuages les aveugle d'une lumière trouble. Mais un courant venu on ne sait d'où, une force sous-marine dont l'attraction nous est inconnue les pousse sur les flots et leur permet d'atteindre le but.

Le message arrive régulièrement, malgré la tempête qui ne finit pas. C'est toujours le même. Il tient dans quelques vérités très simples, dans quelques mots. On pourrait en faire une formule qui serait écrite sur la borne de la route. Il faut être désintéressé, mépriser l'argent, devenir de plus en plus intelligent, pratiquer quotidiennement la bonté. A cela chacun répond : je veux jouir de la vie, aimer les richesses, ne penser qu'à moi, être le plus fort. Le grand combat de la vie ne se livre pas pour autre chose. Mais les vérités supérieures doivent être présentées aux hommes sous des formes sans cesse nouvelles. C'est le devoir qui incombe aux messagers et l'ingratitude de la tâche est en raison directe de l'invincible égoïsme de la race humaine.

L'idéal n'est pas le privilège d'une race ou d'un point particulier de la terre. Beaucoup d'hommes l'ont proclamé qui ne le tenaient de personne et ils ont parlé sans mandat aussi sincèrement et avec une aussi grande beauté. Tel fut Ruysbrock le contemplateur et l'admirable qui louait la vie active de l'homme ordinaire autant que l'adoration du mystique dans le sanctuaire et trouvait sous les arbres des vieilles forêts le chemin de l'union parfaite. Tel fut Giordano Bruno, l'orgueilleux et le raisonnable qui raisonna et disserta dans toutes les villes d'Europe et qui préféra le feu du bûcher au reniement de sa raison. Tel fut Swedenborg le savant et l'illuminé, le curieux de métallurgie et le grand mangeur de nourriture qui, dans une auberge de Londres, eut la vision d'un homme entouré de lumières qui lui annonça qu'il était choisi pour interpréter les Saintes Ecritures et lui recommanda de manger avec moins d'abondance. Tel fut Jacob Bœhme, gardien de bestiaux et apprenti chez un cordonnier de Gœrlitz qui, tout en enfonçant des clous dans des semelles, voyait jaillir les étincelles de flamme de l'amour divin.

Et outre ceux-là, il y a eu d'autres messagers dont on n'a pas connu le nom parce qu'ils étaient peu soucieux de gloire ou faisaient si peu de cas de leur propre vérité qu'elle rayonnait d'eux à leur insu. Il y a eu des révélateurs qui ignoraient leur révélation, des sages modestes qui mélangeaient leur sagesse à leurs actions quotidiennes, de timides mages qui ne savaient pas quelle magie il y avait dans un petit acte de bonté. Nous avons tous rencontré, au moins une fois, un de ces initiateurs sans auréole et reçu d'eux un inestimable don par une parole bienveillante, un certain aspect de tristesse, la loyauté d'un regard.

Car le message circule partout. Il est d'essence humaine comme l'espérance ou la douleur. Pour l'entendre il n'est pas nécessaire, ainsi qu'Apollonius, d'invoquer au lever du jour, les intelligences platoniciennes, de pratiquer la mortification des ascètes ou la prière des moines chrétiens. On peut le comprendre sans connaître aucune philosophie, sans être le croyant d'aucune religion. Il est accessible au plus humble pourvu que son âme soit ouverte. L'intelligence n'est pas nécessaire ; il suffit de désirer l'intelligence et la bonne intention d'amour est le signe qu'on l'a reçu.

DISCOVERY
PUBLISHER

www.ingramcontent.com/pod-product-compliance
Lightning Source LLC
Chambersburg PA
CBHW022017090426
42739CB00006BA/182

* 9 7 8 1 7 8 8 9 4 9 7 8 1 *